MES TUTOS DE SORCIÈRE bienveillante

Éditions Kiwi
5, rue de Charonne, 75011 Paris

ISBN : 978-2-37883-112-7

Directeur éditorial : Édouard Frison-Roche
Édition : Katia Kaloun
Illustration de couverture et illustrations du livre : Mademoiselle Audrina
Création graphique et mise en pages : Charlotte Thomas

MADEMOISELLE AUDRINA

MES TUTOS DE SORCIÈRE bienveillante

KiWi

À mon Daddy, pour sa force,
sa positivité, son soutien sans faille
et son amour inconditionnel.

SOMMAIRE

INTRODUCTION

Bonjour à toi Sœurcière,

Avant toute chose, merci de tenir ce livre entre tes mains.

Merci de l'avoir remarqué, pris et ouvert. Je m'appelle Audrina et je vais t'accompagner au fil des pages, avec bienveillance et magie, afin de te dévoiler mes secrets de sorcière pour une vie douce et sereine.

Que tu sois sorcière en herbe ou confirmée, sache que tout ce qui est écrit dans ce livre constitue ma vision de la sorcellerie, écologique et féministe ; libre à toi de te réapproprier les recettes, au gré de tes envies, de tes intuitions, et de tes expériences.

As-tu déjà pris le temps ?

Celui de te retrouver, un court instant, avec toi-même ?

Le temps file. La vie glisse à une allure folle, sans t'attendre. Je songe parfois que je ne fais que subir le temps qui passe, au lieu d'être actrice de ma propre existence. Et si nous cessions de laisser tout ce temps nous échapper ? Et si nous vivions, réellement ?

Savourer cette brise fraîche qui fait virevolter tes cheveux. Profiter d'un rayon de soleil qui réchauffe doucement ton visage. Sourire à la vue d'un oiseau qui se pose sur une branche. S'arrêter pour admirer cette fleur, qui hier encore, n'était pas ouverte.

Mes proches me disent souvent que je m'extasie devant un rien, avec un sourire moqueur, alors oui, je m'émerveille devant un oiseau qui chante, narguant le chat en bas, une devanture de maison originale, une décoration de rue qui brille, une fleur qui a poussé sur une rue bétonnée. Mais après tout, je pense que c'est ça, le bonheur : savoir savourer les instants simples qui défilent et façonnent les journées.

Une matinée grise et pluvieuse est une journée aussi belle qu'une journée ensoleillée. C'est à toi de décider ce que sera ta journée. À toi de mettre de la lumière dans ta vie. Souris à la pluie, au soleil, à tous ceux qui t'entourent et ta vie n'en sera que plus belle. Crois-moi.

Dans cet ouvrage, je t'y aiderai. Je te dévoilerai mes tendres angoisses, mes astuces et élixirs, mes expériences en tout genre.

Bienvenue et douce lecture à toi.

SORCIÈRES des temps modernes, UNE NOUVELLE TENDANCE VIEILLE de 1000 ans

JE NE SUIS PAS UNE PRINCESSE, JE SUIS UNE SORCIÈRE !

Tu connais probablement, toi aussi, cette histoire de la belle princesse qui attend son merveilleux prince charmant, avec cette méchante sorcière qui, du haut de son donjon, prépare des potions malsaines et destructrices.
Tu as, je le sais, déjà lu ce conte de fées, le soir en t'endormant, t'identifiant peut-être à cette charmante dulcinée. Aussi étrange que cela puisse paraître… je t'avoue que j'ai toujours préféré la sorcière. La « méchante » de l'histoire. Je l'ai toujours trouvée plus authentique, plus vraie et, souvent, plus jolie ! Par exemple, je préférais de loin la reine dans *Blanche-Neige*, que Blanche-Neige elle-même, ou Maléfique dans *La Belle au bois dormant* !

Je ne me suis jamais identifiée à ces princesses, toujours belles, quelle que soit la situation, radieuses au réveil, comme la Belle au bois dormant à la fin de son somme de cent ans (personnellement, après une sieste de trente minutes, le filet de bave et la trace de l'oreiller me ramènent à ma place), élégantes même lorsqu'elles passent leurs journées à faire le ménage, comme Cendrillon (alors que je suis en sueur après dix minutes d'aspirateur). Ces princesses à la peau blanche comme neige (mais sans mes veines apparentes !), à la voix mélodieuse rappelant celle du rossignol (mieux vaut ne pas m'entendre chanter, sauf sous la douche où l'acoustique est favorable) avaient décidément tout pour elles et ne me ressemblaient pas.

Tu l'as compris, je ressemblais plutôt à la sorcière du conte : un grain de beauté sur la narine droite, des cernes très accentués, une voix difficile à qualifier et une prestance incongrue. Cette méchante sorcière au mauvais rôle me parlait davantage. Et après tout, sans elle, y aurait-il encore une histoire ?

« Mais un jour, il murmura, en riant de plaisir : "Quand une sorcière est belle, eh bien,ça s'appelle une fée !" »

Marcel Pagnol

La sorcière, dans nos esprits, c'est cette femme exclue du village ou de la ville. Elle vit dans une demeure isolée, sans homme, sans enfants, avec ce fameux chat qu'on lui prête (la vie rêvée).

En fin de compte, est appelée « sorcière » celle qui vit en marge de la société. Les villageois, discrètement, s'élancent à la rencontre de cette guérisseuse à l'extérieur du village, afin de s'approvisionner en plantes diverses et variées ou de guérir cette mauvaise plaie. Ils viennent chercher ce philtre d'amour, à l'intention de ce jeune homme croisé régulièrement dans les rues du village, ou bien cet élixir, destiné à cette voisine malade. Altruiste ? Non, sorcière.

C'est ainsi que l'on a fini par appeler cette sage-femme qui accompagnait les parturientes durant leurs accouchements. Si l'enfant était mort-né ou mourrait peu de temps après : sorcière.

Cette devineresse qui, à l'écoute de ses sens, pouvait prédire des événements : sorcière.

Cette guérisseuse adepte des plantes médicinales et connaisseuse de la forêt avoisinante : sorcière.

Ces nombreuses femmes auxquelles on prêtait des pouvoirs surnaturels ont été considérées comme une menace. Mais une menace pour qui, si ce n'est l'ordre patriarcal qui ne pouvait tolérer le savoir et le pouvoir chez les femmes ?

Le *Larousse* définit ainsi la sorcière : « Dans les contes de fées, femme en général laide, qui possède des dons surnaturels, qu'elle utilise pour faire le mal. » Le CNRTL, lui, nous dit : « Personne à laquelle on attribue des pouvoirs surnaturels et en particulier la faculté d'opérer des maléfices avec l'aide du diable ou de forces malfaisantes. » Décidément, le diable est un bon copain des sorcières.

Aux XVIe et XVIIe siècles, le nom de « sorcière » était attribué à de nombreuses femmes, celles qui ne rentraient pas dans les cases qu'on avait prévues pour elles ; guérisseuses, sages-femmes, personnes âgées, pourtant inoffensives, à première vue.

Des femmes libres, des femmes indépendantes, des femmes intuitives, mais qui, au regard de la société, ne répondaient pas aux exigences de la bienséance. On les a accusées de pactiser avec le diable et de participer à des sabbats. Ainsi, grand nombre de nos consœurs ont fini au bûcher : l'on avance le chiffre approximatif de 50 000 à 100 000 victimes. Majoritairement des femmes, bien entendu.

Dangereuses ou non, ces femmes apparaissaient comme une menace, au point que plusieurs textes sur la sorcellerie sont publiés au XVe siècle, dont le fameux *Malleus Maleficarum*, ou *Marteau des sorcières*, véritable manuel de chasse aux sorcières détaillant la nature de la sorcellerie, la façon de capturer, condamner et faire avouer une sorcière, ainsi que la manière d'obtenir des « preuves », notamment à travers les techniques de la noyade ou de la pesée.

Les années passent et, au fil du temps, l'image de la sorcière change. Au XXe siècle, l'image de la méchante femme reste, en particulier dans les contes, mais évolue à mesure que l'on se rapproche du XXIe siècle. La sorcière se transforme en femme sublime, manipulatrice, séduisante, croqueuse d'hommes, redoutable, bref, en femme fatale, mais aussi en héroïne ou en adjuvante, comme dans les séries télévisées. La fameuse série *Ma sorcière bien-aimée* dévoile un tout autre visage de l'ancienne pestiférée, un visage doux, rassurant et bienveillant. Cette sorcière « des temps modernes », femme au foyer, pourvue d'un mari, d'un enfant, étourdie et maladroite, connaît mal les mœurs de la société dans laquelle elle vit et doit constamment faire face à des obstacles de la vie quotidienne, banals pour nous mais exotiques pour cette sorcière aux grands pouvoirs.

Aux côtés d'un homme, cette sorcière semble beaucoup plus attirante. Le patriarcat n'est-il pas toujours présent, quoique plus subtil ?

Depuis quelques années, le mot « sorcière » revient très régulièrement. Dans la lignée des féministes de la deuxième vague qui, dans les années 1970, se sont réapproprié la figure de la sorcière, une nouvelle génération de femmes revendique ce personnage et son héritage.

Toutes ces femmes refusant l'oppression sexiste et la misogynie, ces femmes qui préfèrent la solitude ou la compagnie des autres femmes, ces femmes qui aujourd'hui clament haut et fort leur volonté d'un monde sans patriarcat, ne sont-elles pas les sorcières du XXIe siècle ?

Pour ma part, c'est à l'été 2019 que j'ai découvert ce pouvoir, cette volonté d'indépendance, cette force de femme qui fait de moi une sorcière.

Pour moi, est sorcière celle qui connaît ce pouvoir dont elle dispose. Chaque femme décide ou non d'exploiter ce pouvoir sacré qu'elle possède, qu'il s'agisse de son intuition, du fameux sixième sens, de sa connaissance des plantes et de sa capacité à les utiliser pour divers usages. Ces femmes, sorcières en tout genre, c'est moi, c'est toi, ce sont elles, c'est nous…

Nous toutes, réveillons l'énergie qui sommeille en nous !

SUIS-JE UNE SORCIÈRE ?

Il est tard, 23 heures. Je suis en compagnie d'amis et le sujet de la sorcellerie arrive dans la discussion. Les regards se tournent vers moi et la fameuse phrase arrive : « C'est quoi être sorcière, alors ? J'ai entendu une fille dire qu'être une sorcière, c'est un don. Tu ne peux pas le devenir comme ça. » Mon cœur ne fait qu'un bond et je rétorque, perplexe : « C'est stigmatisant tout de même, comme façon de penser. »
Selon moi, la sorcellerie n'est pas une histoire de don ou d'autres facultés hasardeuses. Tout le monde peut être sorcière. C'est, pour ma part, le fruit de profondes convictions.

Chacune — et chacun ! — de nous peut trouver en soi sa propre sorcellerie ; qu'il s'agisse de magie blanche, noire (hum, pas tellement recommandée), verte ou bleue.

Selon certains, la magie est un acte d'amour ; pour d'autres, c'est une question de volonté. J'aime cette façon d'imaginer la magie. Il n'est pas nécessaire d'avoir des pouvoirs (don de médiumnité, voyance ou autres) pour devenir sorcière. Bien sûr, si tu es capable de voler, de déplacer des objets ou de te téléporter, tu es effectivement une sorcière de haut niveau ! Mais en réalité, la magie est en toi. À toi de la dévoiler. Dirige-toi vers celle qui t'attire le plus. Mélange, approprie-toi les recettes, les bienfaits et vertus, afin de créer cette magie idéale. Croire en soi, en ses capacités est la plus puissante des magies.

Crois en toi et deviens celle que tu veux être !

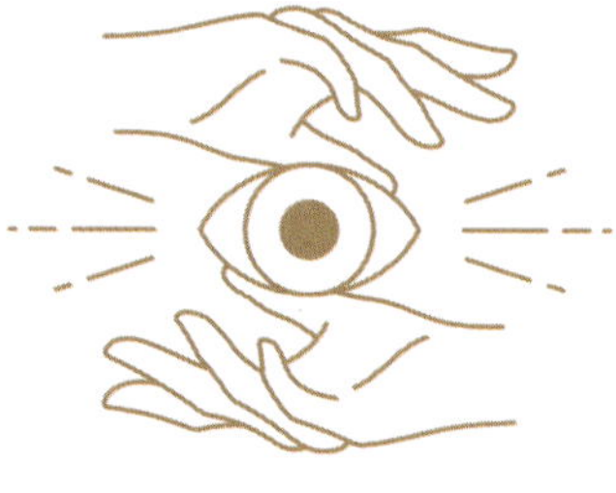

MAGIE	DESCRIPTION
Magie blanche	L'une des plus connues et des plus bienveillantes. Elle invite à la positivité, au bien-être physique et mental, et utilise principalement des éléments puisés chez Mère Nature.
Magie noire	Sans doute la plus connue de toutes et tous, elle n'en reste pas moins la plus effrayante, la plus destructive et la plus néfaste. Cette magie utilise les forces du mal pour faire le mal et, à mon sens, est à éviter !
Magie verte	L'une de mes favorites. La magie verte est la magie de la nature, des animaux sauvages et domestiques. Cette magie pure et douce n'est autre que la magie des guérisseuses. Elle utilise les bienfaits de la nature afin de guérir, d'améliorer ou de créer.
Magie rouge	Il s'agit de la magie du sexe, de la fougue et de l'amour. Elle doit être employée avec délicatesse, car elle est puissante et irréversible.
Magie rose	Magie destinée à l'amour, aux sentiments tendres du cœur, elle découle de la magie rouge. Moins puissante, elle n'en est pas moins efficace.
Magie bleue	Douce magie de protection, la magie bleue sert à protéger les personnes et les lieux. Elle peut aussi être assimilée à la magie de l'eau, encore très peu connue de nos jours.

L'ENVELOPPE CHARNELLE

LETTRE À MON CORPS

Toi,

Je crois que le *feeling* n'est jamais vraiment passé entre nous et tu le sais tout aussi bien que moi. Aussi loin que je me souvienne, nous n'avons jamais été très amis. Tu étais si différent des autres, je crois que c'est ce qui m'a longtemps dérangée.

Trop longtemps j'ai voulu que tu ressembles à ceux que je fréquentais. Tu t'exprimais de façon si dissemblable – d'ailleurs, tu sais que beaucoup te critiquaient. Mais toi, tu n'en faisais qu'à ta tête.

À une période très délicate de ma vie, tu ne m'as absolument pas aidée, ni soutenue ! Je te détestais, toi, si insipide à mes yeux. Nous n'arrivions pas à nous entendre. Je voulais quelque chose, toi le contraire. Et tu finissais toujours par gagner.

À plusieurs reprises, j'ai tenté de te sortir de ma vie. J'ai essayé de te détruire plusieurs fois. De te faire mal physiquement, à coups violents, parfois volontairement, parfois non. Tout était bon pour te blesser, à l'aide d'objets ou de mes propres mains. Et toi, tu ne disais rien. Pas de réponse. Tu encaissais mes coups moraux et physiques.

Tu as toujours été plus fort que moi, tu t'es relevé, encore et encore. Parfois faible et pourtant si fort.

Les années ont passé, les obstacles de la vie également. Et tu es toujours là. Parfois, je me demande comment tu peux encore être debout, droit et fier. Dressé, prêt à tout accepter, tout endurer, tel un roc. Malgré les coups durs, malgré la vie, tu me soutiens encore. Je commence à me reposer sur toi. Je me dis que tu es là, je prends confiance et je fonce. Parfois je teste, je te défie, pour savoir quand et comment tu vas tomber. Jusqu'où puis-je aller ? Par moments, tu vacilles, tu tangues et, parfois, tu finis par t'écrouler. Néanmoins, tu finis toujours par te relever.

Et un jour, je me décide à te regarder, avec un regard d'adulte, cette fois. Tu as changé. Tu es encore moins plaisant qu'avant. Décidément, tu n'en fais qu'à ta tête. Tu changes constamment, sans vraiment changer. Je te reconnais bien, au fond. Ces petits signes me montrent que tu vieillis. Que tu as vécu de nombreuses choses, de dures épreuves.

Dans ce cabinet médical, on m'informe que tu faiblis. Tu me lances des SOS, tu encaisses, tu es fort et robuste, mais au fil des années, tu as subi bien trop de tourments. Mes caprices en tous genres, mes folies et mes excès commencent à avoir raison de toi.

Il est temps que j'arrête tout cela. Je dois prendre soin de toi, parce que, manque de chance, je sais ce dont tu as besoin.

On veut te donner des médicaments de toutes les couleurs pour te booster. Je refuse. Je sais ce qui est bon pour toi. Et je sais ce dont tu as besoin. Les jours, les semaines, les mois passent. Je prends le temps, ce temps que je n'ai jamais pris. Je te découvre enfin.

Finalement, tu n'es pas si affligeant. Tu es changeant et pourtant si fidèle.

On forme une belle équipe, ensemble. Toi, moi, *nous*.

Pardonne mes craintes, mes folies, mes peurs. Pardonne-moi de t'avoir infligé tant de souffrances. Vingt-sept ans plus tard, je me découvre un nouvel amour pour toi.

Je passe de longues minutes à te contempler. Silencieusement. Je n'avais jamais remarqué cette petite tache que tu as, là, sur le mollet. Tiens, tu as de jolis reflets roux. C'est fou, ils blondissent par endroits.

Je dessine sur toi les moments marquants de notre vie, nos expériences.

Durant nos douches, je reste de longues minutes sous l'eau chaude, tu me fais comprendre que tu apprécies, que cela te détend.

Dans le miroir, je me surprends à te faire un clin d'œil, à te sourire et à te dire : « Tu es beau, toi, dis donc. »

Ô toi, mon corps, aujourd'hui je décide de t'aimer, de t'accepter. De vivre avec toi et non plus contre toi.

Tu as toujours été là pour moi, grâce à toi je suis debout. Vivante.

Aujourd'hui, je te promets de m'occuper de toi aussi bien que tu as pu le faire pour moi. Je t'écouterai plus souvent. Quand tu me montreras ta fatigue, je ralentirai. Quand tu me feras comprendre que mon mental prend le dessus, je t'écouterai.

Nous sommes une équipe. Pour le meilleur et pour le pire.

Nous avons les cartes en main pour vivre notre meilleure vie ensemble.

Merci.

MIROIR, MON BEAU MIROIR, DIS-MOI QUI EST LA PLUS BELLE...

Apprendre à aimer son corps peut être bien compliqué, en ces temps. J'ignore si toi, tu acceptes ton corps. Quoi qu'il en soit, chéris-le. Voici un tuto de sorcière pour t'entraîner. Prends un miroir, en pied, de préférence, afin de te voir en entier, jusque dans tes petits recoins. Ensuite, prends le temps de te regarder. Prends le temps de toucher tes cheveux, qu'ils soient courts, longs, bouclés ou lisses ; si tu es chauve, caresse ton crâne. Regarde tes yeux, la couleur qu'ils ont, les nuances de l'iris. Regarde la forme de ton nez, la commissure de tes lèvres. Quelle est la forme de ton arc de Cupidon ? Dessinée ? Légère ?
Descends et observe ta poitrine, tes seins, ton sein ou tout simplement ton torse. Il est beau. Prends le temps de regarder ce ventre, que tant de femmes ont du mal à accepter, cette partie de ton corps qui bouge avec le temps, se forme et se déforme. Vergetures, cicatrices, peau d'orange : tout ceci est *beau*. Cela veut dire que ton corps vit et que tu as traversé des épreuves, quelles qu'elles soient. Pour ma part,

j'aime ces vergetures, elles me font penser à ces traces sur le sable que les vagues laissent après leur passage. Regarde tes formes, tes rondeurs ou tes os apparents. Apprends à les aimer. J'ai toujours eu des os très saillants et j'ai appris à les chérir, à accepter que sous cette chair, j'ai des os qui me maintiennent debout, que grâce à eux, je marche, je me lève, je cours.

Regarde tes jambes, tes genoux, examine un à un tous tes orteils, du plus petit au plus gros. Regarde tes doigts, leur taille, leur forme. Tu es belle. Ce corps est le tien. Sois fière de qui tu es. Je t'assure que tu es belle. Tu peux me croire.

Réalise ce scan corporel aussi longtemps que nécessaire.

Par la suite, fais-le aussi souvent que possible, par exemple en sortant de la douche. Se regarder nue, sans artifice, maquillage ou vêtement : il n'y a rien de tel pour prendre conscience de la beauté de son corps.

MIROIR MON BEAU MIROIR

s'aimer

SACRÉES FEMMES !

Alors que la trentaine approche rapidement pour moi (trop rapidement, même), j'ai de plus en plus le droit à ce genre de commentaires : « Alors, Audrina, toujours pas de petit ami ? », « Bah alors, où sont les enfants ? », « Alors, tu ne trouves toujours personne ? », etc.
Certaines choses n'ont toujours pas changé de nos jours : comme autrefois, les femmes isolées, seules ou veuves sont mal vues. On continue de trouver étonnant qu'une femme de près de trente ans n'ait ni compagnon, ni conjoint, ni enfant. Pour quelle raison cela perdure-t-il ? Je trouve toujours déconcertant qu'après des années de lutte pour nos droits, nos libertés, notre égalité, nous en soyons toujours là, à devoir justifier notre célibat ou notre désir de solitude. Comme si nos vies ne pouvaient être accomplies sans un homme ou sans procréation. Comme si nous, femmes, ne pouvions pas vivre sans appui masculin ni progéniture.

Longtemps, je me suis sentie exclue, en retard sur mes consœurs (toutes en couple, avec maison, chien et enfants courant à grandes enjambées dans le jardin fleuri). Longtemps, j'ai cru ne pas être dans le moule, ne pas avoir été façonnée comme toutes ces femmes. Longtemps, je me suis demandé ce qui pouvait clocher chez moi. J'étais en retard. À tel âge, tu dois avoir fini tes études, ensuite, tu dois te trouver un fiancé, avec qui tu te marieras et auras des enfants quelques années plus tard. Tu diras peut-être « stop » à ta vie professionnelle, parce que tu ne pourras pas concilier le tout, le foyer, les enfants et le travail, ou bien on considérera que tu te dois justement de réussir dans toutes ces carrières. C'est toujours la même injonction, dictée des années auparavant : être mère et épouse, quoi qu'il arrive.

Dans notre société, les femmes ont été dissociées des hommes et considérées comme l'Autre, le sexe opposé, servant à procréer. On continue de considérer qu'une femme ne saurait vivre épanouie si elle est seule, et qu'elle se définit par son rapport à un homme.

En fin de compte, cette peur d'être en retard n'était due qu'à la pression que la société m'imposait. Je ne suis pas cette femme en robe (bien que je ne porte que cela), attendant que son cher et tendre rentre à la maison en préparant un délicieux dîner. Je suis cette femme libre, qui ne porte une robe que si elle en a envie, qui prépare elle-même son dîner et n'attend personne le soir venu.

Je veux un homme dans ma vie parce que je choisis d'en avoir un. Un compagnon pour partager ma vie, pas la dicter. Je ne veux plus entendre « à quand les enfants ? » sans savoir le *pourquoi*. Je veux avoir de bonnes raisons de briser ma solitude. Être une femme seule, aujourd'hui, c'est courir le risque soit d'être perçue comme une fille facile qui couche avec de nombreuses personnes (comme les hommes peuvent pourtant le faire sans que ça ne leur soit reproché), soit de passer pour une vieille fille à chats (stéréotype, quand tu nous tiens !).

Que préfères-tu ? Pourquoi n'y a-t-il pas de troisième option, celle de choisir la vie que l'on souhaite, selon ses envies, ses valeurs et son parcours ?

DES ÊTRES LIBRES

Toi qui préfères construire ta carrière professionnelle, toi qui aimes voyager, toi qui en as peur, toi qui décides d'adopter, toi qui ne veux simplement pas d'enfants… Tu es libre de choisir si, oui ou non, tu veux procréer. Toi qui ne le peux pas, toi qui es stérile, toi qui en veux seule… Tu restes une femme. Tu es forte, puissante et unique. Personne ne doit te dicter quoi faire dans cette vie qui est la tienne. Nulle femme ne devrait être obligée de consacrer son corps à la création de la vie si elle ne le souhaite pas.
Je ne veux pas d'enfant biologique, je voudrais adopter, et j'entends bien trop régulièrement : « Oh, tu as le temps, tu peux encore changer d'avis, tu n'as *que* 27 ans, ça viendra. » Comme si l'horloge biologique se tenait inévitablement prête à sonner. NON. Mon corps m'appartient. Je suis la seule détentrice de ce pouvoir de décision sur lui.

Mon corps est puissant, ma vie est sacrée. Moi, femme, je décide de ce qui est bon et juste pour lui. Moi, femme, je prends conscience de ma puissance, de la force que je détiens en tant que telle. Je prends conscience de mon corps, des pouvoirs et des énergies qui m'emplissent. Je comprends que je dispose d'autres facultés que celle d'enfanter. D'autres pouvoirs tout aussi puissants et redoutés depuis toujours.

Une question me taraude depuis toujours. Pourquoi les hommes ont-ils si peur de celles qu'ils nomment « le sexe opposé », les femmes ? Auraient-ils compris notre force ? N'est-ce pas par crainte de leurs pouvoirs que l'on brûlait les sorcières ?

Mon avis, c'est que les hommes connaissent, au fond d'eux-mêmes, le pouvoir des femmes, mais que beaucoup préfèrent le cloisonner. Le garder sous contrôle. Le diable n'est qu'une femme déguisée.

Dans ce monde, tout est équilibre. Il n'y a pas d'ombre sans lumière et pas de lumière sans ombre. Pas de lune sans soleil et pas de soleil sans lune. Pas d'homme sans femme et pas de femme sans homme.

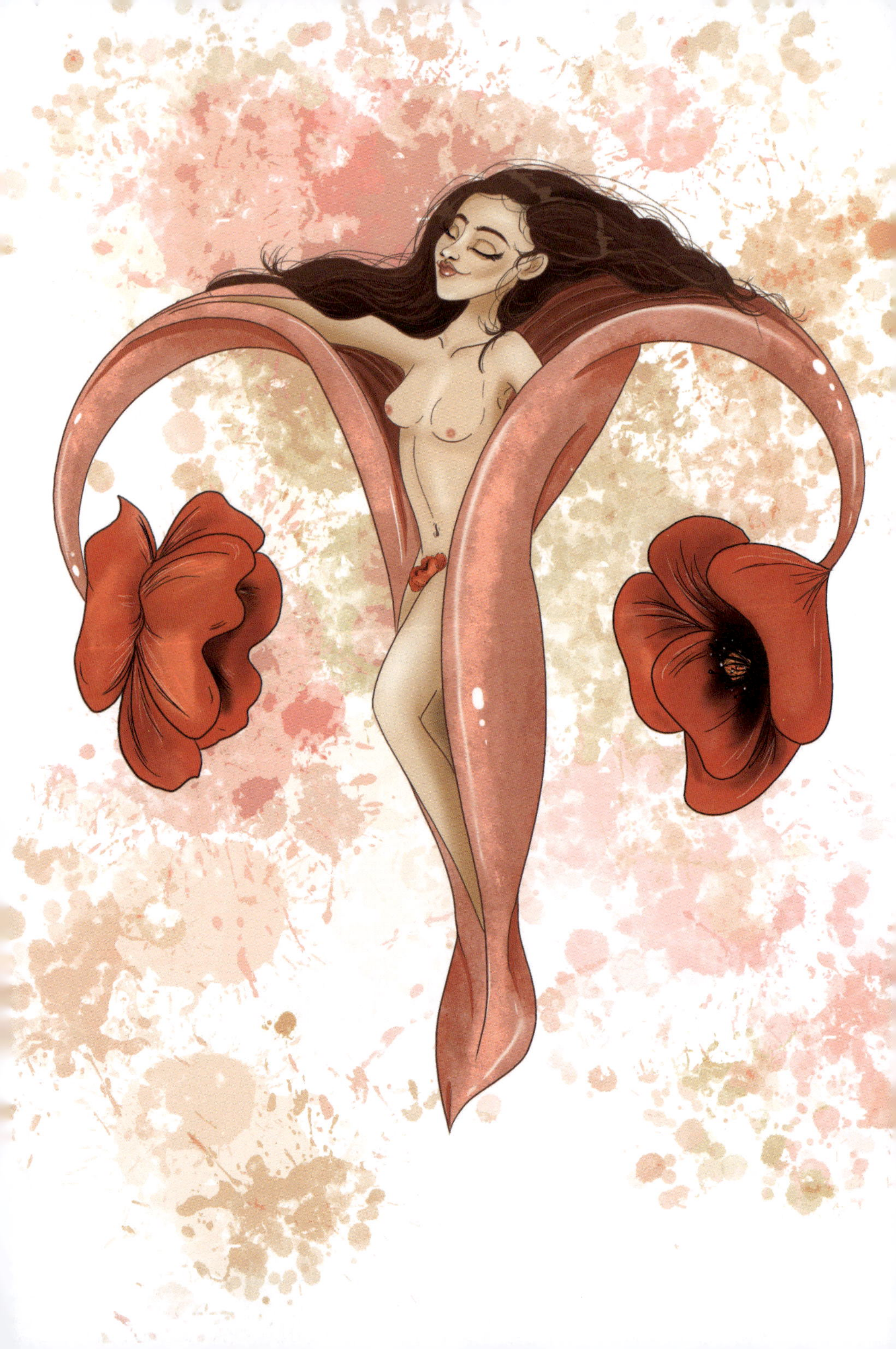

AU CENTRE DU PLAISIR

2018 : je suis une femme de 25 ans et je découvre pour la première fois une partie de mon corps. Sur les réseaux sociaux (comme quoi, ça sert d'y passer plusieurs heures par jour !), le dessin de ce petit alien fait des apparitions de plus en plus régulières. Je me demande : « Qu'est-ce donc ? Un nouveau mouvement à la mode ? Le logo d'une nouvelle marque ? » Mais non. J'apprends, quelques semaines plus tard, qu'il s'agit d'une partie de mon corps : le clitoris. Un petit organe érectile de l'appareil génital situé sur la partie antérieure de la vulve (*Larousse*). WHAOU !! Depuis peu, on parle enfin de cet organe, seul du corps humain uniquement consacré au plaisir !
Je suis à la fois intriguée et choquée, choquée que nos corps ne soient pas plus étudiés que cela. Notre anatomie, nos sexualités sont encore si méconnues, après avoir été perçues presque uniquement sous l'angle de la reproduction ! Nos corps restent des mystères pour nous-mêmes. Mon corps, ton corps de femme est beaucoup plus merveilleux (et étonnant, avouons-le) que ce que l'on peut imaginer.

LUNE ET CYCLE

Dans de très nombreuses parties du monde, les règles sont jugées impures, voire dangereuses. Elles peuvent faire l'objet d'un tabou, comme dans notre société. Parfois, elles servent de prétexte à exclure les femmes de la communauté ; celles-ci peuvent être alors chassées de leur foyer pour leur impureté. C'est le cas dans l'ouest du Népal, où la coutume du Chaupadi incite les femmes à s'exiler de leur maison, dans un abri souvent précaire, lors de leurs menstruations. Cette tradition, interdite par la loi népalaise depuis 2005, est toujours pratiquée et fait encore des victimes, certaines femmes pouvant mourir de froid pendant leur isolement.

Il existe pourtant d'autres traditions dans lesquelles les règles sont perçues positivement. Certaines cultures natives américaines considèrent, par exemple, les menstruations comme une période spirituellement très importante pour les femmes. Des pratiques d'isolement peuvent exister également, comme chez les Ojibwés, mais elles sont associées à l'idée d'une retraite spirituelle, d'un temps d'introspection pour soi, et non au dégoût et à l'exclusion.

On dit parfois que les femmes proches ou vivant ensemble peuvent synchroniser leurs règles. Avec ma meilleure amie, nous avions un voyage de prévu : direction la Sicile, grand moment pour nous deux. Nous avions hâte. Après de brefs calculs, nous nous sommes rendu compte que nos lunes arrivaient durant cette fameuse semaine de voyage. Ce fut une grosse déception. Nous voulions profiter de ce voyage pleinement. Quelques jours après, au téléphone, nous avons constaté, euphoriques et stupéfaites, que nos règles étaient arrivées une semaine à l'avance, pour elle comme pour moi. Synchronicité de l'amitié.

Mon corps, ton corps, nos corps de femmes sont une réelle merveille. Comme la lune, la vie, les saisons, la nature, les femmes sont cycliques. La durée moyenne du cycle menstruel est estimée à 28 jours, un nombre proche de la lunaison. La nouvelle lune met en effet environ 29 jours à apparaître.

J'aime appeler ces menstruations les « coquelicots », car comme eux, elles sont pures et rouges, fragiles et robustes à la fois. Éphémères, les coquelicots reviennent chaque été. On sait qu'ils seront de retour, parfois en des lieux attendus, parfois soudainement sur le bord d'une route sinueuse et étroite. Cette fleur, ma préférée, est un rappel de cette puissance féminine.

Le tableau qui suit développe les phases des cycles menstruels et lunaire, en relation avec les saisons, les âges de la vie et les marées (lesquelles sont influencées par la Lune). J'aime cette comparaison entre femme et mer ; celle-ci peut être joyeuse, paisible et calme, mais aussi tumultueuse, puissante et dangereuse.

Si Mère Nature est notre mère à toutes, la Lune, elle, est notre grand-mère et nous guide de sa sagesse spirituelle et intuitive.

	LUNE	CYCLE
Jeune fille	Croissante	Préovulatoire : l'ovaire, le corps, se prépare pour une potentielle fécondation.
Mère	Pleine lune	Ovulatoire : libération de l'ovule.
Ensorceleuse	Décroissante	Prémenstruel : préparation du corps, modifications.
Sorcière	Nouvelle lune	Menstruel : destruction, élimination si pas de fécondation. Début du prochain cycle.
Sage/Guide	Femme ménopausée ou sans règles : tu as acquis toute la sagesse et la richesse des lunes. Tu as assimilé toute leur puissance.	

SAISON	MER	ÉNERGIE
Printemps	Marée semi-diurne	Tu te sens dynamique, pleine d'énergie. la Lune monte, c'est le début du cycle. Tu es fraîche, séduisante, pleine d'amour pour toi-même et désirable.
Été	Marée diurne	Tu es en harmonie avec toi-même et les autres. Tu éprouves de l'amour pour tous les êtres qui t'entourent et pour toi-même. Tu as besoin, envie de te donner à l'autre ou de créer des liens forts.
Automne	Marée semi-diurne ou inégalité diurne	Tu es irritable, tu sens le changement intérieur et extérieur, ainsi que tes émotions. Tu es nerveuse et pourtant très puissante.
Hiver	Marée mixte	Tu te sens fatiguée, la fin du cycle se termine. Tu es en pleine réflexion, tu te débarrasses des mauvaises énergies. Tu éprouves une grande puissance mentale et spirituelle.

Durant de nombreuses années, comme toi peut-être, j'ai détesté, redouté et subi cette période de menstruation. Quand douleurs et maux en tout genre arrivaient, je maudissais ce phénomène. Avec l'âge et la connaissance, j'ai compris qu'être une femme était un privilège, une force. Une puissance sacrée à laquelle je devais me reconnecter.

Astuce : le sang des lunes versé dans les plantes fait un excellent engrais ! La culotte menstruelle ou la cup menstruelle sont les meilleurs moyens, selon moi, pour récupérer cette offrande et la rendre à la Terre. Le cycle de la vie dans toute sa puissance, n'est-ce pas ?

SIXIÈME SENS
et outils
INTUITIFS

DOUCE INTUITION

Depuis toujours, on parle de ce pouvoir féminin, aussi étrange que mystérieux. On dit que toutes les femmes le possèdent. Parfois appelé « sixième sens », il est aussi connu sous le nom d'« intuition ». Du latin *intuitio*, qui désigne l'acte de regarder à l'intérieur, le coup d'œil ou l'observation, l'intuition est une faculté de compréhension immédiate et sans processus de raisonnement. C'est cette petite voix interne, ce ressenti difficile à décrire, ce petit message intérieur qui te guide vers ce qui est bon et juste. L'intuition s'écoute et se travaille.

Tu en as sans doute déjà fait l'expérience. L'intuition se manifeste quand, le matin, tu sens que quelque chose va se passer. Quand tu pressens que telle ou telle personne n'est pas bonne. Quand tu as le sentiment que tu ne devrais pas prendre la voiture. Bien souvent, l'expérience de l'intuition se termine par : « Ah, je le savais ! » On dit également que la première impression est la bonne, en vertu de ce pouvoir subtil qu'est l'intuition. Une fois l'intuition passée, le mental prend le dessus et tu te mets à réfléchir : est-ce que cette personne est bonne ? Pourquoi ? Est-ce qu'il risque d'y avoir des problèmes sur la route ? Est-ce que ma voiture pourrait avoir un problème que mon inconscient aurait repéré ?

En tant que sorcière, que femme, cette intuition est un immense pouvoir, que tu peux travailler, afin qu'il devienne d'autant plus puissant. Écoute cette petite voix qui sommeille en toi. Elle ne veut que le meilleur pour toi. C'est ton subconscient qui te parle.

En tant que sorcière, un grand nombre d'outils sont à ta disposition pour développer ta magie. Il en existe qui te permettent de réveiller l'intuition et de *voir* les choses que d'autres ne voient pas. Ces outils sont des guides pour te diriger dans la bonne direction. Qu'il s'agisse de la cartomancie (tirage de cartes, oracles, tarots), de la tasséomancie (divination dans les feuilles de thé), de l'utilisation d'un pendule ou de toute autre pratique, ces supports sont bons à prendre pour développer ton intuition, ton sixième sens, ta voyance ou simplement ta magie intérieure. Oui, ta magie intérieure, car ce qui te différencie d'une magnétiseuse professionnelle, c'est qu'elle a conscience de son pouvoir ! En effet, si tu t'amuses à concentrer ton énergie (à travers tes mains, par exemple) sur une blessure superficielle d'un proche, il y a fort à parier que ce proche recevra un soin ou une vibration de guérison qui lui fera nécessairement plus de bien que de mal. En effet, tout est une question d'intention : si ton intention est pure et bonne, tu feras automatiquement du bien !

Il est difficile d'expliquer en quelques lignes ce que représentent pour moi les arts divinatoires. Voici donc mon opinion, mes conseils et mes expériences de sorcière, afin que toi, amie, sœurcière, puisses trouver une réponse, une aide, ou simplement un conseil.

MOON
STAR

LA CARTOMANCIE

J'utilise énormément la cartomancie. Je suis une grande adepte des tirages en tout genre. Oracles ou tarots, j'aime manier les cartes. Et je réponds tout de suite à ta question : « Mais alors, tu es voyante, tu vois l'avenir ? » C'est plus compliqué que ça, en réalité. Pour moi, les cartes ne sont pas magiques. Rien n'est réellement magique. Il ne s'agit que d'outils. La seule magie qui existe se trouve en toi. Ces instruments sont là pour t'aider à y voir plus clair, pour te guider. La magie, la vraie magie, s'appelle « intuition ». Il est tout de même important de préciser que certaines d'entre nous ont cette faculté de voir d'autres choses. Mais nul besoin d'être douée de médiumnité pour faire des tirages ! Tu es aussi capable que n'importe qui de tirer les cartes.

Néanmoins, certains aspects sont à prendre en compte : l'art divinatoire est une technique particulière. Il ne faut en aucun cas le prendre à la légère. Selon moi, il est primordial d'avoir conscience de l'art que l'on pratique. La divination nécessite de l'entraînement, de la conviction et, surtout, de la concentration. Un tirage de cartes ne se fait pas entre deux dossiers à la machine à café. Il s'agit là d'un moment de connexion avec toi-même, durant lequel ton pouvoir se réveille et te dévoile ses secrets.

Si tout le monde peut tirer les cartes, cette technique ne fonctionne pas pour toutes les sorcières. À toi de choisir celle qui t'est adaptée, celle avec laquelle tu te sens le plus à ton aise, celle avec laquelle tu ressens le plus d'énergies. La bonne technique est celle avec laquelle tu te sens connectée à toi-même.

Chaque tirage est unique. Il révèle ta propre intuition ; aussi, un tirage identique n'aura pas la même signification d'une personne à une autre.

Le tout premier oracle que je me suis procuré est l'un des nombreux oracles d'Isabelle Cerf sur les énergies. Pour débuter, ils sont parfaits. Les cartes sont simples, claires, et la prise en main est excellente. Au fil des mois, j'ai souhaité approfondir mes tirages. En flânant, je suis tombée sur le *Tarot du bien-être*. Coup de cœur, je l'ai pris immédiatement. Cependant, mes connaissances en tarot étaient extrêmement limitées. Rien à voir avec les oracles. Chaque carte indique une énergie particulière à elle seule. Je n'y connaissais absolument rien et je me sentais complètement paumée. Peu à peu, je me suis mise à cumuler les oracles de toutes sortes, et ma capacité d'analyse s'est perfectionnée. J'ai développé mon intuition. Cette carte, tirée à tel moment, n'aura pas du tout la même signification dans un tout autre tirage. Je suis émerveillée. Je comprends certaines choses, j'ouvre les yeux sur d'autres. Je ne me voile plus la face. Durant un temps, je tirais sans cesse les cartes du lâcher-prise, de la méditation, de la bienveillance. C'était une période difficile ; j'ai réalisé que oui, je devais prendre du temps pour moi, pour être bienveillante avec moi-même.

Ne sois pas étonnée ou craintive à l'idée d'utiliser certains outils. Par exemple, j'ai eu peur, durant de longues années, d'utiliser le fameux Tarot de Marseille qui, pourtant, me fascinait. Je le trouvais si intrigant et énigmatique, avec sa longue histoire et ses secrets, que je me sentais intimidée. Et puis, un jour, j'ai décidé de franchir le cap. La peur de certaines cartes, comme le fameux Pendu ou le Diable m'ont quelque peu ralentie. Mais finalement, après un peu d'entraînement, des recherches et de nombreux tirages, j'ai acquis des connaissances et compris que ces cartes tant redoutées n'étaient pas négatives. Bien au contraire.

Après de nombreux mois à ne travailler qu'avec des oracles, ce Tarot de Marseille me faisait toujours de l'œil. Je me suis enfin décidée à m'en procurer un. Pour le premier tirage, je l'ai purifié à la sauge, j'ai déposé mes intentions et mon énergie, et c'était parti… J'avais une peur folle de tomber sur ces fameuses cartes : le Diable, l'Arcane sans nom, le Pendu… Autant de cartes mal réputées... à tort. On pense, dans l'imaginaire collectif, que leur charge symbolique est nécessairement négative alors que rien n'est jamais tout noir ni tout blanc. L'Arcane sans nom, par exemple, ne signifie pas forcément qu'une tragédie funeste va survenir mais c'est un symbole de renaissance ; la fin d'un cycle donnant vie à un nouveau. Avec le temps, j'ai appris à les reconnaître, à les comprendre. Aujourd'hui, j'aime tirer le Tarot de Marseille. Comme pour tout apprentissage, la patience est requise.

Je pratique la cartomancie depuis quelque temps et, aujourd'hui, ma capacité d'intuition s'est développée plus que je ne le pensais. Ma clairvoyance s'est approfondie. Mon hypersensibilité et mon intuition se sont fortifiées. Comment j'en suis arrivée à ce cheminement ? Il m'est arrivé, il y a quelques années, de visualiser des événements avec des gens, sous forme de flashs.

Ces flashs semblaient extrêmement réels. Certains se sont révélés correspondre à des scènes de vie s'étant réellement déroulées, scènes auxquelles je n'avais jamais assisté, avec des personnes que je n'avais jamais vues. Suite à cela, je me suis adressée à mon psychanalyste, qui m'a dit avec un sourire attendri : « C'est de la médiumnité ! » J'ai, suite à cela, pris mon courage à deux mains et rencontré un médium. Il m'a confirmé mon don de voyance naissant…

Me voilà au premier palier d'une potentielle médiumnité. Boule de cristal, me voici !

Cartomancie
Calme
Sérénité
Tel éteint
LE PENDU
Bougie blanche
Intuition
TAROT

PENDULE ET RADIESTHÉSIE

D'autres outils, tels que le pendule, peuvent t'accompagner. Le pendule est utilisé depuis très longtemps par un grand nombre d'individus, c'est un outil efficace s'il est utilisé avec précision et conviction. Intriguant, cet outil peut se révéler surprenant. Galilée lui-même en possédait un.

Le pendule se fonde sur la radiesthésie (ou faculté de percevoir les radiations qu'émettent certains corps) pour fonctionner. En effet, le pendule n'est que le prolongement de nos mains. C'est aussi un support très intuitif. Il va ainsi se servir des vibrations que notre propre corps émet afin de dévoiler ce que notre subconscient pense réellement.

Lors d'une séance de pendule, ton subconscient va émettre certaines énergies, certaines radiations, qui vont faire tourner ce pendule dans un sens ou un autre. Ton intuition te dévoile alors clairement, via cet outil, la réponse à tes questions.

Astuce

La pierre que je préfère accrocher au bout de mon pendule, c'est l'améthyste, pierre idéale pour calmer le mental agité et se protéger des ondes négatives. Si tu le souhaites, il t'est possible t'accrocher la pierre de ton choix en pendentif, au bout d'un collier, ainsi, tu auras un pendule prêt à l'emploi à portée de main !

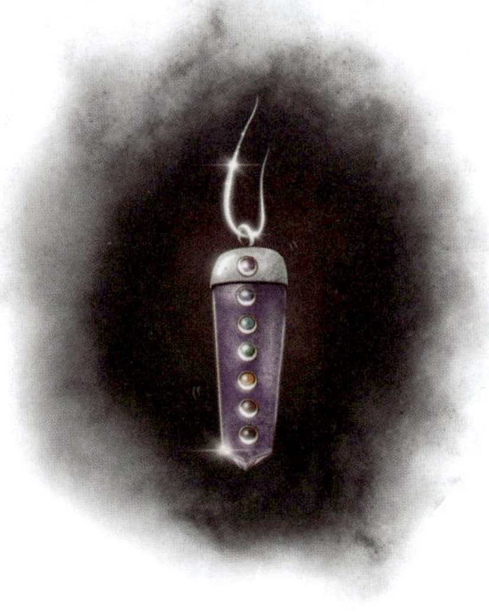

RITUELS

Lorsque je pratique la divination, chacun de mes rituels commence de la même façon, avec une tasse de thé bien chaud que je sirote en me détendant : rien de tel avant une séance. D'ailleurs, grande consommatrice de thé, je suis de plus en plus attirée par la tasséomancie. Le thé est un outil de relaxation. Mon corps et mon esprit se doivent d'être les plus sereins possible. J'allume ma bougie blanche pour l'éveil… et je me lance.

J'aime les pleines lunes et les nouvelles lunes, durant lesquelles je crée des petits rituels, notamment avec des tirages de cartes, tarots et oracles. Je commence par poser mes intentions, je me concentre, puis j'ouvre mon corps et mon esprit à ma magie intérieure. Les rituels de pleine lune sont mes favoris. L'énergie de notre amie céleste est très puissante.

Qu'est-ce qu'un rituel ? Il s'agit d'un ensemble de gestes et d'actions réalisés sur une intention authentique et effectués dans un but bien précis. Par exemple, on peut effectuer un rituel d'attraction pour attirer l'abondance dans sa vie, que ce soit l'abondance financière, de joie, de connaissances, d'objets, etc. De nombreux rituels existent, tu les trouveras sur Internet ou dans des livres, mais la magie réside dans

le fait que tu peux te créer ton propre rituel. Il n'y a pas de mode d'emploi universel : le plus important, c'est la vibration que tu émets au moment où tu le fais. Je m'explique : que tu utilises des plumes, un pendule, des pierres sacrées ou une bougie, l'importance n'est pas tant liée aux objets que tu utiliseras, comme si ces objets avaient une charge spirituelle en eux-mêmes, charge spirituelle dont tu voudrais profiter.

Tu as le pouvoir, avec la puissance de ton intention, de conférer de la magie à n'importe quel objet. Ainsi, si tu as découvert un beau caillou sur un sentier ou un coquillage sur une plage, tu peux décider de lui conférer le pouvoir d'un grigri : « Ceci sera ma pierre d'ancrage, à chaque fois que je la tiendrai entre mes mains, je m'enracinerai un peu plus dans le sol et serai liée à la déesse Terre. » C'est aussi simple que cela !

En résumé : il te faut de la conviction, de l'intuition, un peu d'inventivité et un cadre bien confortable pour mener ton rituel : dans une pièce au calme, dans ton bain ou en tailleur dans la forêt… C'est à toi d'en décider !

Cire de soja ou d'abeille en paillettes
Récipient en verre
Mèches en bois
Huiles essentielles
home candele
Pierres semi-précieuses

MARC de café

Engrais (à petites doses)

Gommage corporel anti-cellulite avec une huile végétale

Favorise le compost

Anti-mauvaises odeurs

Soin anticernes

LA GESTION DES émotions

APPRIVOISER CE QU'ON RESSENT

Depuis notre plus jeune âge, on nous apprend à nommer les émotions. Pourtant, personne ne nous initie à la plus juste façon de les extérioriser. Pour cela, il faudrait déjà les comprendre. Colère, joie, peur et tristesse, les émotions classiques s'accompagnent de camarades moins étudiées : le dégoût, la surprise, la honte, la culpabilité, l'angoisse, la déception, la rancœur… Qui sont ces petits compagnons de route, si difficiles à gérer ? Certains ne sont pas seulement de passage, ils décident de s'inviter plus durablement, jusqu'à s'ancrer insidieusement. Ce ne sont pas des émotions, mais des sentiments. Alors qu'une émotion n'est présente que quelques minutes, le sentiment lui, reste avec toi. Il s'agrippe à ton être, tel une sangsue qui te pompe ton énergie.

L'émotion est une simple réaction physiologique du corps face à une situation donnée (la peur face à un danger potentiel, par exemple) tandis que le sentiment, lui, est lié à un autre bon copain à toi. Celui qui est là, à chaque instant à tes côtés. Celui que tu entends, parfois, un peu trop : c'est le mental.

Lorsque les émotions négatives ne sont pas exprimées, voire pire, refoulées, les sentiments négatifs s'installent, plus redoutables et plus coriaces, car créateurs d'un mal-être plus profond. Durant de longues années, j'ai eu peur. Peur de choses diverses et variées, d'être malade, par exemple, d'avoir mal quelque part, de ne pas être entendue et écoutée. On ne me prenait que très peu au sérieux quand je me plaignais de maux de ventre : « Va dans ta chambre, ça va passer ! » Cette peur, aussi enfouie soit-elle, n'a jamais été révélée, comprise ou prise en considération. J'ai refoulé cette peur qui, au fil des années, s'est laissé manipuler par mon mental jusqu'à se transformer en un sentiment d'angoisse, puis en hypocondrie. Extérioriser ses émotions, les comprendre et les accepter, ce ne sont pas des choses que l'on nous apprend à l'école. Pourtant, ce savoir est essentiel. Le maîtriser nous permettrait d'éviter de futures phobies, traumatismes ou angoisses. Il est ainsi facile de faire la différence entre la joie et la tristesse. Mais *accepter* sa propre tristesse, s'autoriser à pleurer, ça, c'est une autre paire de manches. Apprendre à connaître les sentiments et émotions est une chose. Ensuite, il s'agit de les accepter pour mieux les transmuter et guérir plus facilement.

Pensées

APPRENDRE À LÂCHER PRISE

Garder mes émotions pour moi n'a jamais été chose facile. Avec les années, j'ai appris à les dissimuler, ne pouvant les montrer qu'en de rares occasions. La colère, par exemple, ne se dévoilait qu'auprès de mon petit frère (ah, les chamailleries pour une histoire de Playmobil...). C'est le mental qui a fini par prendre le relais et qui a façonné, par la suite, mon rapport à la colère.

Face à une même situation, personne ne réagira de la même façon. Alors que je réagis avec impulsivité face à un événement, en raison de mon caractère et de mon vécu, toi, tu réagirais peut-être d'une autre façon, quelle qu'elle soit.

Comprendre ses émotions, c'est le premier travail à effectuer. Ensuite, il faut les accepter. C'est là que ça devient intéressant. Accepter sa propre joie, c'est facile. Tu le fais sûrement aussi bien que moi. En revanche, les émotions négatives sont plus délicates. Peur, tristesse ou colère sont des émotions auxquelles on se laisse aller plus difficilement. C'est pourquoi je t'ai préparé un tuto de sorcière pour apprendre à lâcher prise.

ANTÍDOTE
du lâcher-prise

8 GOUTTES
sur les tempes
dès que nécessaire

- **NE PAS RESSASSER LE PASSÉ**
- Prendre du temps pour soi
- VIVRE L'INSTANT PRÉSENT
- Extérioriser ses émotions
- **PENSER POSITIF**
- SAVOIR ÊTRE RÉSILIENTE

Tapie dans l'ombre, tu ne me vois pas,
Tu ne discernes pas encore très bien mes
petits chuchotements.
Je serre ta gorge, ta respiration est de plus en plus rapide,
Un voile blanc devant ton visage,
Ton rythme cardiaque s'accélère,
J'aime danser sur cette tachycardie,
Accompagnée par le claquement de tes dents,
Je me laisse emporter.
Mes mains si froides te compressent la poitrine ;
Je suis là, tu me sens arriver.
Pourtant, je suis présente depuis bien des semaines,
des mois,
Mais j'ai su me faire si discrète.
Le soir, au coucher, j'étais à côté de toi,
Je te caressais les cheveux et te réveillais
en sursaut au petit matin,
Ou en pleine nuit au cours d'un rêve.
Je suis là depuis tant de temps,
Ces perles salées qui roulent sur tes joues,
J'en suis la première responsable,
Tes hormones n'en sont en rien la cause,
Je suis ta tendre ennemie, ton épouvantable amie,
Et je suis là, à tes côtés,
Je me nourris de tout ce que tu me donnes,
Absolument tout, même ce que tu penses bon pour toi.
Je suis celle qu'on ne voit pas,
Parfois, on me soupçonne,
Je disparais un peu, mais le temps d'un instant,
Puis je reviens encore plus forte,
Je ne pars jamais définitivement,
Tu dois vivre avec moi…
Ta douce souffrance.

L'angoisse

La tête
sous l'eau
Submergée par
les émotions

STRESS, ANGOISSE ET ANXIÉTÉ

Hier soir, j'avais rendez-vous avec un garçon, rencontré sur une application. Douche, robe longue à pois, rouge à lèvres, spasmes, mascara, petites chaussures vernies, claquement de dents, vertiges, bras gauche qui s'engourdit… Tu la vois venir, toi aussi ? Madame Angoisse se prépare comme moi pour le rendez-vous galant. Moi qui m'étais imaginé un tête-à-tête avec lui !

Le stress, l'angoisse et les crises de panique sont des amis de longue date. Au moindre challenge, au moindre obstacle, au plus petit changement inattendu, ils débarquent. Cela faisait quelque temps que ça allait mieux, et voilà qu'ils reviennent. Je leur manquais apparemment un peu trop. Sentiment non partagé.

Un peu de respiration, de *self-control*, « arrête tes bêtises, Audrina, c'est bon, c'est juste un dîner avec un mec ! » dans le miroir et c'est bon, ça passe.

J'aimerais te confier un autre exemple. En décembre, une jeune femme qui me suit sur les réseaux sociaux m'envoie un message ; elle est éditrice et veut faire un bouquin avec moi. Mes idées, mes illustrations lui plaisent. Et voilà, c'est lancé. Euphorie, joie, bonheur, paillettes, je suis heureuse.

Mais soudain… c'est le drame. Le syndrome de la page blanche est là, je n'arrive plus à dessiner, plus à écrire. Le stress de mal faire, de ne pas faire aussi bien que voulu, d'être lue, m'envahit et… Ça y est, la panique, la crise est là.

Stresser est une réaction tout à fait normale et saine. Le cerveau, face à une situation inhabituelle ou à un potentiel risque, se met sur le qui-vive, aux aguets, prêt à bondir en cas de danger immédiat.

Bras engourdis, vertiges, pleurs en folie, douleurs thoraciques, mâchoire qui se bloque, sensation de mort imminente, montée de tension, mal de tête, suffocation ; tout ce petit monde qui s'agite en moi c'est… *la crise d'angoisse.* À l'image d'un bateau qui coule, je tangue, prête à chavirer à la moindre houle un peu violente.

Après de nombreux rendez-vous chez le médecin, aux urgences, avec des psychiatres, etc., j'ai dû accepter que le stress était capable de beaucoup. Ah, ce mental. À cela s'ajoutent une dépression, une phobie sociale, une peur irrationnelle de toutes les maladies, une perte de poids… Le psychiatre me prescrit une tonne de cachetons de toutes les couleurs, bien moins sympathiques que dans les dessins animés : antidépresseurs, anxiolytiques et toute la clique.

Je n'avais pas envie de rentrer dans un tel cercle et de me bourrer de médicaments. J'ai décidé de refuser ces traitements (il s'agit bien sûr d'un choix personnel, mûrement réfléchi, et qui n'a pas été fait à la légère) et de travailler sur ma force intérieure ainsi que sur mon mental.

La semaine qui suit, je me motive à sortir de mon lit, à manger à tous les repas, je sors fréquemment de la maison, je me force à m'habiller (j'étais tentée d'aller à La Poste en pyjama, mais habitant dans un minuscule village, j'ai fait un effort pour la dame de l'accueil). Je comprends alors que l'inconscient joue un rôle primordial dans cette affaire.

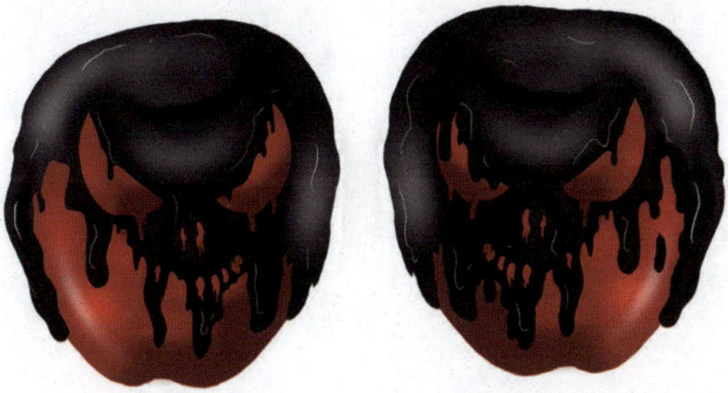

ENGOURDISSEMENT
DES MEMBRES
Maux de tête
SPASMES
fourmillements
Tremblements
BESOIN DE
SE MOUVOIR
LARMES
NAUSÉES
CLAQUEMENTS
DE DENTS
Difficulté
à respirer
BOUFFÉES
DE CHALEUR
Soif
TRANSPIRATION
Vertiges
FRISSONS
VUE TROUBLE
Tachycardie
Sensation de mort
CHUTE DE TENSION
DANGER IMMINENT
DÉSORIENTATION
ESSOUFFLEMENT

LES IMAGES POSITIVES

Quand Madame Dépression a pointé le bout de son nez, je me suis dit qu'il fallait que je la compense avec des images positives. Je trouve alors l'idée d'accrocher de nombreuses photos dans la maison : passionnée par la photographie, je prends absolument tout et rien en photo. Sur les murs, se sont donc retrouvées des photos en tout genre (pour le plus grand plaisir de mon coloc) : photos de mes amis, de ma famille, des endroits que j'avais visités, de bons moments passés, de mon chat, de ma meilleure amie, avec des petits mots, tels que : « Tu es forte », « Tu es belle », « Tu as vécu pire »… La maison tout entière était redécorée à l'aide de messages subliminaux pour mon mental. Des petits mantras magiques pour contrer les pensées négatives.

Et étonnamment, je me surprenais, dans la salle de bains, entre une photo de moi posant dans un musée, un : « Tu es belle, même au naturel » écrit sur un papier, et ma tête de déprimée, à me coiffer de nouveau, à sourire et même à remettre un peu de mascara.

Malgré les migraines incessantes et les douleurs au cou, je reprenais le cours de ma vie que j'avais mise en pause. Quelques jours plus tard, j'avais déjà repris du poil de la bête. En fin de semaine, j'avais rendez-vous pour un reiki, un soin énergétique et, à l'heure actuelle, je ne ressens plus de tensions, plus de migraines en écrivant ces quelques lignes. Le corps humain est tellement surprenant. Je ne suis qu'admiration ; cette puissance du mental, cette détermination… Je suis fière de moi.

GÉRER SA crise d'angoisse

UN ÉTAT D'ESPRIT

Le stress fait partie de moi, il est là, je suis faite ainsi. Par contre, *je* décide de l'effet qu'il a sur moi, *je* décide de ce qui est bon et juste pour ma personne.
Les émotions sont naturelles. Ressentir de la joie, de la peur, de la tristesse ou de l'angoisse, est normal. Le secret ? Vivre avec et non pas vivre contre elles. Ton corps envoie les signaux, à toi de les écouter. J'ai parfois une terrible envie de pleurer, la gorge nouée, les dents qui se serrent, l'estomac tendu. Avant, soit je refoulais tout cela, soit ça débordait et je finissais par tout lâcher, telle une fontaine. Généralement, on me disait que je pleurais tout le temps, comme une gamine (parce que seules les gamines pleurent, c'est bien connu). J'ai été la première à refouler mes émotions et à passer outre. Par la suite, de nouveaux maux, parfois physiques, sont apparus. Apprendre à accepter ses émotions peut être un travail compliqué et de longue haleine. Mais le corps et l'esprit te diront « merci », crois-moi.

Pleure si tu as envie de pleurer, hurle si tu as envie de hurler. Si tu veux rire parce que tu repenses à une vieille blague que ta copine t'a faite il y deux semaines, ris ! (Dis-moi que cela t'arrive aussi de rire des mois après avoir entendu une blague, je ne peux pas être la seule à faire ça.) Extériorise tes émotions. C'est le secret de leur apaisement.

Voici une astuce : parfois, je note de courtes répliques dans mon téléphone et, en cas de coup de mou, je les relis et je m'esclaffe. Je pars toujours du principe que si je me fais rire, c'est que je suis drôle. D'après mon expérience, je suis donc extrêmement drôle.

Quelqu'un a dit : « Le bonheur est un état d'esprit, pas une destination. » Je n'ai compris que récemment la force de cette phrase. Si tu te dis que tu vas vers le bonheur, tu n'y arriveras jamais. Mais si tu pars avec le bonheur, tu es à bon port depuis toujours.

Sais-tu que sourire face au miroir te rend heureuse ? Le cerveau assimile ton sourire au bonheur. Te voir toi-même sourire permet à ton corps de sécréter des endorphines, l'hormone de l'euphorie. Alors souris. Qui plus est, le bonheur est contagieux. Sourions sans restriction.

La tête ailleurs

HYPERSENSIBLE

Je te présente Billie, c'est une amie d'enfance. Elle est douce, souriante, pleine de vie. Elle m'accompagne depuis tant d'années, déjà. Avec elle, je me sens sereine, moi-même. Avec Billie, pas de faux-semblants. Elle s'émerveille devant un rien et sa capacité à l'éblouissement est contagieuse. Le ciel est bleu, pas un nuage, une légère brise, je suis si heureuse. J'aime ce temps, j'ai presque envie de danser, je ris pour rien. C'est grâce à elle.

Au fil des années, Billie et moi formions un sacré binôme. Parfois, Billie me rend triste, sans véritable raison. Un mot de quelqu'un et je peux fondre en larmes à cause d'elle.

Malheureusement, elle devient de plus en plus présente, de plus en plus imposante. Je pleure très souvent, j'en ai besoin, si je ne pleure pas, Billie me serre la poitrine. Si je ne lâche pas ces sanglots, elle me rend fébrile, très mal à l'aise. Parfois, je n'ai pas envie qu'elle vienne avec moi lors d'une soirée ou d'une simple sortie. Parfois, j'aimerais qu'elle me laisse respirer, juste un instant.

Les mois, les années passent ; elle m'épuise et me prend beaucoup d'énergie. Mes émotions sont si fortes, comme décuplées. C'est elle qui amplifie tout. Parfois, c'est bon… parfois, c'est violent. Je vis les choses à 1 000 à l'heure. Un rien me rend heureuse, très heureuse. Mais parfois, une petite chose, anodine pour certains, fait naître un immense chagrin en moi.

Billie, cette amie appelée hypersensibilité, est parfois pesante. J'ai déjà eu envie de couper les ponts avec elle. Je la voyais comme un fardeau et j'étais lasse de toute cette énergie qu'elle me prenait, tant positive que négative. Elle me rend nerveuse, anxieuse, très émotive, irritable, susceptible, me fait cogiter et ruminer sans cesse… Et surtout, elle me fait pleurer. Des larmes, des larmes, toujours des larmes. Certains trouvent cela exagéré, voire futile. Pourtant, non, il n'y a pas de larmes inutiles, il n'y a pas de sanglots puérils ni de chagrin exagéré. Il n'y a que moi et ma sensibilité. Ce fut difficile, mais aujourd'hui, j'ai appris à comprendre Billie et à la respecter.

Aujourd'hui, je sais que cette hypersensibilité est une force. Elle me rend d'autant plus humaine, vivante et authentique. Chaque petite chose que je vis est une merveille. Je suis très empathique, je comprends les émotions de chacun (parfois trop), je m'émerveille devant tout, ma créativité est explosive, j'observe beaucoup, j'analyse, je vis, simplement. J'ai fait de cette amie une alliée irremplaçable.

Empathie plus forte
Sens décuplés
Mental puissant en perpétuelle agitation
Sujette à l'angoisse, la dépression, l'anxiété
Émotions plus fortes Vague constante d'émotions
Hypersensibilité
LA RECONNAÎTRE

LA PUISSANCE DU MENTAL

Je suis à mon bureau, des livres autour de moi, un thé fumant m'accompagne, je suis accroupie ou debout sur ma chaise (c'est plus sympa pour bosser, je t'assure). Quelqu'un toque à la porte. Je suis étonnée, je n'attends pourtant personne. Sans attendre mon approbation, on entre. C'est Micky. J'aurais dû me douter qu'il allait débarquer.

C'est un homme très grand, très mince, vraiment élancé. Son costume bleu marine lui confère un air très psychorigide. Il prend les choses en main, se met à parler très fort. Très envahissant, il prend le contrôle, il veut tout décider et n'accepte pas de ne pas avoir le *leadership.*

Je me fais petite, je le laisse un peu faire. Peut-être qu'il sait mieux que moi comment gérer tout cela.

Les jours passent, il continue de tout décider, il parle de plus en plus fort, c'est fou, je ne m'entends même plus penser. Il est trop bruyant. Il est oppressant. Je me fais de plus en plus petite. Clairement, il commence à me prendre la tête. Mais il a l'air de savoir ce qu'il fait, finalement, c'est rassurant qu'il prenne les choses en main.

Un matin, j'ouvre la porte. Micky n'est plus seul, il est en compagnie de Gil.

POISON
Mental

Je la connais bien, elle n'est pas très sympathique, c'est le genre de femme très grande, très sûre d'elle, au parfum enivrant. Elle parle très peu, je crois d'ailleurs que je n'ai entendu sa voix que très peu de fois. Elle est pourtant très douce, très suave. Gil en impose par sa prestance, perchée sur de hauts escarpins, vêtue d'une robe moulante rose pâle. Elle a de longs cheveux rassemblés en un chignon strict et des boucles d'oreille fines. On se sent frêle et tremblotante à ses côtés.

Avec Micky, ils prennent les choses en main. Ils vont bien ensemble, nul besoin de philtre d'amour pour ces deux-là. Je commence à me sentir un peu (beaucoup) à l'étroit. Nous sommes nombreux dans cette petite pièce ; habituellement, je suis seule, et c'est amplement suffisant. L'air devient de plus en plus pesant. Je me sens piégée par ces deux personnages. Ils sont vraiment envahissants. Je ne m'entends plus penser, ils me prennent la tête, ils décident de tout et pourtant de rien à la fois.

La journée passe, tant bien que mal. Les semaines aussi. C'est de pire en pire. Gil et son parfum grisant me donnent le tournis. Cette fragrance aux notes bien trop entêtantes embaume tout le bureau. Je n'arrive même plus à respirer. Je voudrais ouvrir la fenêtre, humer l'air extérieur, le temps d'un instant. Mais elle déteste ça et Micky lui donne encore et toujours raison. Je prends sur moi. Les vertiges surgissent. Son parfum me donne la nausée. Elle se reparfume.

Encore ? Pourquoi ? Un nuage épais envahit la pièce. Je ne vois plus rien, ma vue se trouble. Mes yeux brûlent, j'ai besoin de pleurer pour tenter d'éliminer ça. Ça ira mieux demain, son parfum se sera sûrement dissipé.

Jour suivant : le parfum est encore là. Avant même d'entrer, je sais que Gil est présente derrière la porte. La voix de Micky, rauque et forte, traverse les murs et me parvient. Aucune envie d'entrer, pourtant, je n'ai pas le choix.

Un petit nouveau vient d'arriver. Je ne le connais que de vue. Je le vois sans l'entendre. Bobby est chétif, petit, tout penaud. Il ne s'adresse à moi qu'en laissant des Post-it. Aucun mot doux n'y est écrit. On n'y trouve que des mots étranges, incongrus, des sous-entendus. Il me fait douter, soulève des points sur lesquels je ne m'étais jamais penchée. Je remarque par la suite qu'il les écrit souvent avec Gil. Ces deux-là s'entendent bien, un peu trop bien, même.

La journée se passe, toujours sous le parfum écœurant de Gil, la voix entêtante de Micky et les mots malaisants de Bobby. Le soir, dans mon salon, j'ai besoin de souffler après une telle journée. Mais ils sont encore là ! Je ne comprends pas. Le parfum de Gil contamine toute la surface de mon appartement, la voix de Micky, résonne dans les moindres recoins et les mots de Bobby sont collés absolument partout ! Comment sont-ils entrés ? Ai-je laissé la porte ouverte ?

Lors d'un apéro entre amis, le parfum de cette grande perche me reste en travers de la gorge, j'ai la nausée, je dois écourter ma soirée, je ne me sens pas bien. J'ai besoin de souffler, de respirer, de tous les expulser de chez moi. Ils ont pourtant décidé d'investir les lieux.

Ces trois compères, tu les connais peut-être déjà. Il se peut que tu aies les mêmes chez toi, même s'ils ne portent pas le même nom suivant chacun d'entre nous.

Micky est plus connu sous le nom de « mental ». Il prend souvent le dessus. Il est la voix qui clame haut et fort qu'il est le chef. Il veut toujours avoir le contrôle. Si quelque chose ne va pas dans son sens, il s'énerve et fait souffrir mon corps. Gil est aussi appelée « angoisse ». Son parfum, c'est ce qui provoque des effets secondaires tout aussi charmants les uns que les autres. Tu ne la vois pas forcément, mais tu sens qu'elle est là. Et enfin, Bobby est nommé « hypocondrie » par les médecins. C'est celui qui colle des mots sur des maux. Ces alliés d'aujourd'hui étaient mes démons d'hier. Je n'ai pas pu les changer, j'ai donc décidé d'en changer ma perception.

EXTÉRIORISER SES ÉMOTIONS

Extérioriser ses émotions, ses maux et ses ressentis, est nécessaire, afin de libérer au mieux ton corps et d'être en accord avec lui. Ne lutte pas contre lui, accompagne-le dans cette voie. Plusieurs techniques s'offrent à toi, tu trouveras celles qui te conviennent le mieux en expérimentant. Pour ma part, étant donné que je me lasse *extrêmement* vite, j'ai l'habitude de jongler entre différentes techniques que j'utilise au fil de mes envies et de mes besoins.

Ton corps te parle à chaque instant. Sois à l'écoute des plus petits signaux qu'il t'envoie, qu'il s'agisse de tes yeux qui se ferment, indiquant une fatigue, ou de ton cou qui se raidit sous l'effet de la tension, par exemple. En ce qui me concerne, j'ai très régulièrement mal à la tête. Mon corps me dit alors : « Tu te prends trop la tête, lâche prise. » Quand j'ai mal au dos, cela veut dire qu'il faut ralentir. Quand j'ai un chat dans la gorge, cela signifie : « Dis les choses, ne les laisse pas s'entasser. »

Ne te force pas à faire du yoga, de la méditation, du sport ou de longues balades en forêt si tu n'en as pas *envie*. Je te proposerai plus tard des tutos ensorcelés concernant ces différentes activités, mais surtout, n'oublie pas : extérioriser ses émotions, c'est faire quelque chose qui *te* fait du bien, qui *te* détend. Ne te sens donc pas obligée de faire du yoga parce que Julie, ta collègue *healthy* ne comprend pas comment tu peux ne pas commencer ta journée par une douzaine de salutations au soleil. Cette fille n'est pas nécessairement le bon exemple que toi.

Quand je suis au bord de la crise d'angoisse, quand certains me disent de méditer, de faire du sport ou autre, c'est simple : je file sous une douche bouillante, histoire de me détendre un peu. Je parle. Je crie. Parfois, je marche, d'autres fois, je respire et ça passe. Chaque technique, quelle qu'elle soit, peut convenir et doit te correspondre au moment où tu en as besoin.

Sais-tu que le gros sel a des vertus magiques qui purgent les énergies négatives, protègent l'aura et remontent le taux vibratoire ? Dès que tu en ressens le besoin, n'hésite pas à soupouder ton bain de gros sel et à t'y immerger un moment avant de te rincer. Si tu n'as pas de baignoire, aucun souci, tremper tes pieds dans une bassine d'eau chaude gorgée de gros sel fera parfaitement l'affaire. Je te recommande ce rituel magique : il est très simple et sacrément efficace !

Bonheur

LA PUISSANCE DE LA COMMUNICATION

Communiquer signifie établir une relation avec quelqu'un, un échange. Qu'elle soit écrite ou orale, la communication est, pour moi, la plus efficace de toutes les techniques, quand il s'agit de se défaire de certains tourments. Seule, à plusieurs, en groupe, en binôme, en utilisant l'écriture, le son ou encore le dessin et les arts visuels, exprime ce que tu ressens. Mets-le en mots, en illustrations, en musique et dis ce que tu ressens au plus profond de toi. Quand l'angoisse surgit, parler à voix haute m'aide. Cela me permet d'entendre ce que j'ai à dire. Parler seule, avec moi-même, m'écouter parler, m'entendre évoquer mes agitations, mettre des mots sur des maux, est un remède souverain. Cela permet parfois d'éclairer très simplement un contexte ou une situation. C'est le principe même de la psychanalyse. Dire à voix haute, sans réfléchir, ce qui nous passe par la tête et comprendre l'importance des mots employés par notre subconscient. Il faut prendre en considération chaque phrase. Au cours d'une douche chaude, les mots se laissent aller, j'entends alors très clairement ce qui se trame dans ma tête. La parole est libératrice, efficace et puissante.

Parfois, j'ai besoin d'extérioriser autrement une situation vécue aujourd'hui : un crayon, du papier, la main glisse, les traits de cette scène se dessinent. Je l'évacue. Une fois mon dessin fini, un soulagement m'emplit. Je suis libérée. Ce n'est plus en moi mais là, couché sur le papier.

Communiquer, seule ou à plusieurs, guérit. Trouve le moyen de communication qui te convient le plus et laisse-toi aller.

LES POUVOIRS DE LA MÉDITATION

La pratique de la méditation est de plus en plus répandue dans notre société actuelle. Issue de la tradition bouddhiste, cette discipline s'est répandue telle une énergie douce et apaisante au sein de nos cultures occidentales. La méditation est reconnue par le monde scientifique pour ses bienfaits sur le corps et l'esprit, que l'on observe chez un grand nombre de personnes. Si elle ne convient pas à tout le monde, il s'agit d'une excellente technique de relaxation.

Qu'il s'agisse de méditation, de yoga ou d'exercices de respiration, ces techniques psychocorporelles sont pleines de bienfaits. Matthieu Ricard, moine bouddhiste et docteur en génétique, déclare ainsi avoir constaté que la méditation de pleine conscience, après deux mois de pratique à raison de 20 à 30 minutes par jour, pouvait faire décroître significativement l'anxiété et la tendance à la colère. Les effets immédiats de la méditation sont :

- l'apaisement ;
- la détente musculaire ;
- une respiration ralentie ;
- une tolérance à la douleur plus importante ;
- une diminution du stress, de l'anxiété, des pensées négatives et de l'insomnie.

Les effets à moyen et à long terme de la méditation sont :

- une diminution du risque de rechute dépressive ;
- un renforcement du système immunitaire ;
- une diminution de la tension.

La méditation, si elle est bien réalisée, peut conduire à des expériences très fortes. Parfois, la magie opère et je me sens partir, je sens mon corps se délester de ses maux et mon esprit s'évader le temps d'un instant.

Méditation
Bougie blanche
Siège, coussin
Sourire
Respiration
Améthyste
Musique apaisante
Cascade
Huiles essentielles
Éloigner les pensées

SE DÉFAIRE D'UNE RELATION VIOLENTE OU TOXIQUE

Il est des expériences que de nombreuses femmes font. Peut-être est-ce ton cas. Les déceptions sentimentales, les ruptures et douleurs amoureuses sont si courantes. J'ai traversé de nombreux obstacles en ce domaine, que j'ai su surmonter avec plus ou moins de difficultés. Mais, dans mes malheurs, je trouve toujours une certaine chance.

L'amour a traversé de nombreuses fois mon chemin. J'ai ce grand besoin d'être aimée. Je tombe en amour aussi souvent que je mange des pancakes (c'est-à-dire souvent). Et ces amours n'ont pas toujours été tendres avec moi, malgré les élixirs en tout genre. Je ne dois pas être assez performante dans cette magie rouge et rose. Ou alors, c'est Cupidon qui ne sait pas bien viser, ou Aphrodite qui n'est pas de très bon augure. J'ai vécu des choses difficiles, j'ai de nombreuses fois été blessée, tant moralement que physiquement. J'ai connu des hommes alcooliques, profiteurs, manipulateurs, et l'un d'entre eux m'a blessée bien plus que tous les autres réunis.

Je suis restée presque une année avec un véritable démon. La violence physique est survenue au bout d'un mois de relation, à peine. Je ne comprenais pas ce qu'il se passait. Comment un petit matin, lors d'une discussion, tout pouvait basculer ? La violence ne doit en aucun cas être tolérable ni tolérée. Qu'elle soit physique ou morale.

Il est réellement très difficile de quitter un homme violent. J'ai entendu de nombreuses fois des personnes me dire : « Mais pars, voyons ! » Ce n'est pas aussi facile à faire qu'à dire. Sous l'emprise de ce genre de personnage, la force manque. Le courage n'est plus là. Les sortilèges ne parviennent pas à effacer la mémoire. La violence physique s'accompagne d'une violence morale qui pèse encore des années après. Un trop grand nombre de femmes sont, ont été ou seront, dans cette situation atroce. Alors, si toi aussi, sœurcière, tu as connu une telle situation, sache une chose : tu n'es pas seule. Tu es plus forte que tu ne le penses, tu es plus courageuse que ce bourreau, plus méritante. Et tu t'en sortiras.

Je ne peux pas prétendre qu'il est facile de se débarrasser d'une relation violente ou toxique. En tant que sorcière, je cherche toujours l'élixir de bonheur qui n'aurait pas de date de péremption, celui dont une dose suffirait pour une vie. Face à ce genre de personne, un seul remède : fuir. Cela peut prendre du temps. Il faut d'abord prendre conscience que l'on vit ce genre de relation. Il faut également être en capacité de s'éloigner, de se mettre en sécurité. La seule chose que je peux te dire, c'est que personne n'est en droit de te traiter de cette manière. Tu as le droit de ressentir de l'injustice, de la colère, de la douleur, et tu as le droit de quitter une relation qui te fait souffrir ou qui te met en danger.

COUPER LES LIENS NÉGATIFS

Lorsqu'il est nécessaire, voire vital, de couper certains liens ou de se détacher de ce que l'on a pu vivre, il existe plusieurs rituels que tu peux pratiquer. Celui du bonhomme en allumettes, du thérapeute Jacques Martel, est de loin mon préféré. C'est une amie sœurcière qui me l'a conseillé. Il s'est révélé très efficace pour faire face à certaines situations, en particulier pour rompre des liens néfastes. Je t'en révèle les secrets.

Ce petit rite doit être effectué de préférence en période de lune décroissante (c'est-à-dire le moment où les énergies sont décroissantes dans le cycle lunaire) : c'est à cette période que nous nous débarrassons des choses dont nous ne voulons plus. C'est donc à cette période que les bonhommes allumettes te détacheront le plus efficacement de tes attaches indésirables.

Supposons que tu veuilles te délier d'une relation, par exemple, une histoire d'amour à laquelle tu restes attachée en vain. Grâce à ce protocole magique qui sépare les liens conscients et inconscients, tu pourras enfin te libérer.

Suis attentivement ces étapes.

- Prends une feuille de papier. J'aime utiliser les feuilles de mon grimoire ; comme je les purifie régulièrement à la sauge, le papier n'en est que plus puissant.

- Dessine à l'encre noire un personnage en « allumettes » ou en « bâtons », très simplement, qui te représentera, toi. Ne dessine pas de cheveux ou de détails, va au plus simple. Dessine à côté la personne avec qui tu souhaites rompre le lien indésirable.

- Indique leurs prénom et première lettre de leur nom de famille sous chaque personnage. Si tu souhaites plutôt te séparer d'une situation plutôt que d'une personne, tu peux dessiner un rectangle à la place du bonhomme et indiquer en dessous de quelle situation il s'agit. Pour ma part, j'ai déjà utilisé cette technique pour une peur.

- Entoure chaque personnage individuellement, à l'aide d'un rond ensoleillé qui symbolisera la lumière de chacun. Ceci indique que tu souhaites le meilleur pour les deux parties. Pas de magie noire : même si Martin, avec qui tu veux couper tout lien, est le pire des imbéciles, on ne souhaite jamais de mal à quiconque. La bienveillance est ta plus grande force. Ne pas haïr ou en vouloir à autrui permet de ne pas se détruire soi-même avec des énergies et pensées négatives.

- Entoure ensuite les deux premiers cercles ensoleillés d'un seul et unique cercle, toujours ensoleillé. Garde à l'esprit que tu dois unir les énergies, entourer tout le monde de lumière.

- Arrive ensuite ma partie préférée : relie chacun des chakras des deux personnes à l'aide de la couleur qui lui correspond. Les chakras sont les roues énergétiques qui circulent dans ton corps et l'alimentent. Si l'une d'elles est en dysfonctionnement, cela peut créer des blocages et parfois même des maux physiques. Quand j'arrive à cette partie, je concentre mon intention sur le chakra principalement concerné ; dans notre exemple, pour une rupture, le chakra du cœur.
- Une fois le dessin terminé, munis-toi d'une paire de ciseaux pour séparer les deux bonhommes. Coupe toute la feuille en deux, en récitant à voix haute : « Ces liens sont coupés, je mérite ce qu'il y a de bon et de juste pour moi, cela ne m'appartient plus. »
- Une fois que tu as fini, tu peux jeter les papiers, en gardant à l'esprit ton intention de jeter ce qui ne te convient plus. Tu peux aussi brûler les morceaux. De cette manière, ton inconscient enregistrera tout ce que tu ne souhaites plus voir dans ta vie.

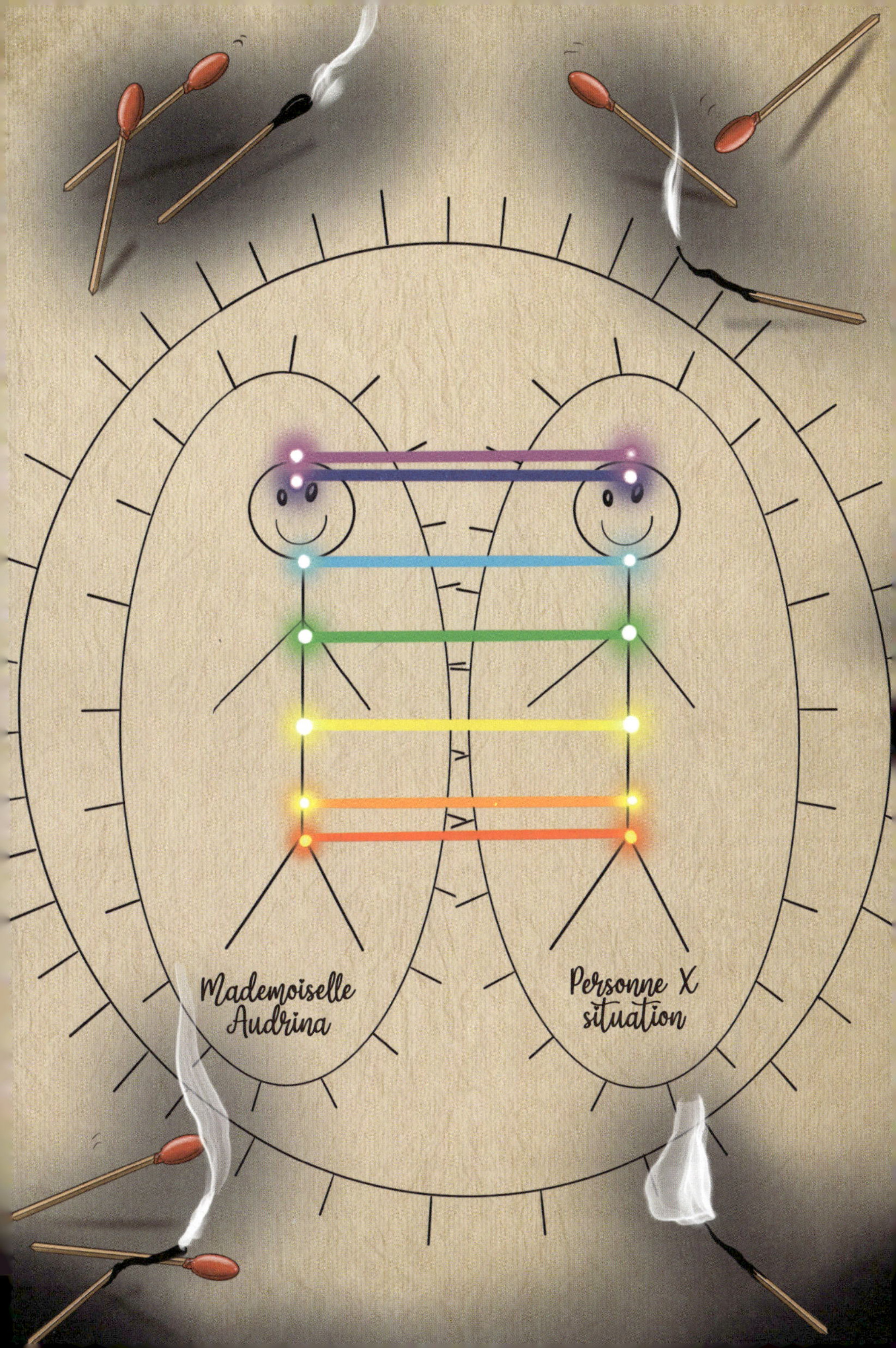
Mademoiselle
Audrina
Personne X
situation

CHAKRA	EMPLACEMENT
Chakra coronal	Au-dessus du sommet du crâne
Chakra du troisième œil	Entre les deux sourcils
Chakra de la gorge	Gorge
Chakra du cœur	Poitrine
Chakra du plexus solaire	Entre l'estomac et le nombril
Chakra sacré	Sous le nombril, bas-ventre
Chakra racine	Périnée

SIGNIFICATION	COULEUR
Connexion spirituelle	Violet
Intuition, clairvoyance et acceptation	Bleu foncé
Communication, de la vérité et de la sagesse	Bleu ciel
Amour, harmonie avec la nature, vitalité	Vert
Centre des sentiments et des émotions (deuxième cerveau)	Jaune
Procréation, sexualité, créativité	Orange
Ancrage, conscience physique	Rouge

PIERRES
et chakras

QUARTZ
Chakra coronal
LAPIS LAZULI
Chakra 3e œil
CALCITE BLEUE
Chakra de la gorge
QUARTZ ROSE
Chakra du cœur
ŒIL DE TIGRE
Chakra du plexus solaire
CORNALINE
Chakra sacré
TOURMALINE
Chakra racine

S'ACCEPTER et prendre SOIN DE SOI

(RE)BELLE

Il m'a été difficile d'accepter mon corps. Je l'ai moi-même mal considéré, mais j'ai aussi entendu de nombreuses phrases négatives à son sujet. Des mots qui m'ont grandement blessée. Je sais que je ne suis pas la seule dans cette situation. J'aurais aimé le savoir avant.

Laisse-moi te dire une chose, à toi qui lis ce livre, à toi, sœurcière. Tu es belle. Ne laisse jamais quiconque prétendre le contraire. Encore moins un homme. Tu es belle avec cette petite poitrine inexistante ou avec cette forte poitrine qui te complexe. Tu es belle avec tes taches, tes vergetures, tes cicatrices de vie. Tu es sacrée, tu es celle que tu choisis d'être, une femme. Une femme forte. Pleine de puissance. Ton corps est un temple que tu dois protéger contre les ennemis, qu'ils soient visibles ou invisibles.

Mes genoux rentrent vers l'intérieur pour pouvoir s'embrasser. Mes seins sont petits pour mieux toucher mon cœur. Mes oreilles sont décollées pour mieux entendre le chant des oiseaux au loin. Mes yeux sont cernés — cette peau si fine ! — car, reflets de l'âme, ils montrent qui je suis réellement. Ma peau est pâle pour mieux admirer ce qui se cache en dessous.

Aujourd'hui, je suis si fière de ce parcours. Mon cœur est blessé après avoir été meurtri. Mon cœur a, à de nombreuses reprises, été piétiné. Bâclé. Mais aujourd'hui, je sais, ce que je mérite, ce que je ne mérite pas.

J'abrite une puissance telle qu'elle éveille des jalousies. Ma force est une arme. Moi, sorcière, je ne plie jamais. L'amour ne doit pas justifier des actes, des mots, des maux… L'amour n'accepte que bienveillance, tendresse et respect. Le respect du corps.

Je croyais que je n'étais pas comme il fallait. Que je me devais de changer, de transformer ce corps. Aujourd'hui, je sais que mon corps, ton corps, nos corps, sont sacrés. Qu'importent les événements extérieurs, les aléas de la vie. *Sois belle.*

Aujourd'hui, j'ai une réponse à la question que je me suis posé ce fameux matin : « Pourquoi moi ? Pourquoi n'ai-je pas l'amour ? » Parce que je méritais mieux. Chaque obstacle de la vie est un message. Une leçon vie. Parfois extrêmement douloureuse, je te l'accorde, mais promis, j'en ai tiré une leçon : aime-toi et n'accepte jamais qu'un ou une autre être puisse te blesser, physiquement ou moralement. Repose-toi sur l'amour de toi-même. Tu es celle qui te connaît le mieux. Tu es celle qui vivra auprès de toi-même tout au long de ta vie.

Accepte : voilà un mot magique qu'il est important de connaître, de se répéter. Quels que soient les événements extérieurs, quels que soient les aléas, les obstacles auxquels tu dois faire face, un mot peut tout arranger : j'accepte.

Accepter de ne pas tout contrôler, de ne pas incarner la perfection perpétuelle. Accepter son corps, ses émotions, ses envies, ses angoisses. Accepter les hauts et les bas de la vie, accepter que tout ne peut pas toujours être rose, ou jaune, ou noir.

Tout est question d'acceptation. Ne nage pas à contre-courant, laisse-toi porter. Accepte et tu seras en harmonie.

Accepter ce qui devrait l'être est important : c'est bien sûr différent pour les choses néfastes de la vie (violences, discriminations, discours haineux) qui sont, elles, inacceptables. De même, s'accepter soi-même ne veut pas dire cesser de se remettre en question, d'évoluer ou de travailler sur ses points faibles, mais s'autoriser à être soi de façon saine, en reconnaissant sa propre valeur.

EAU florale

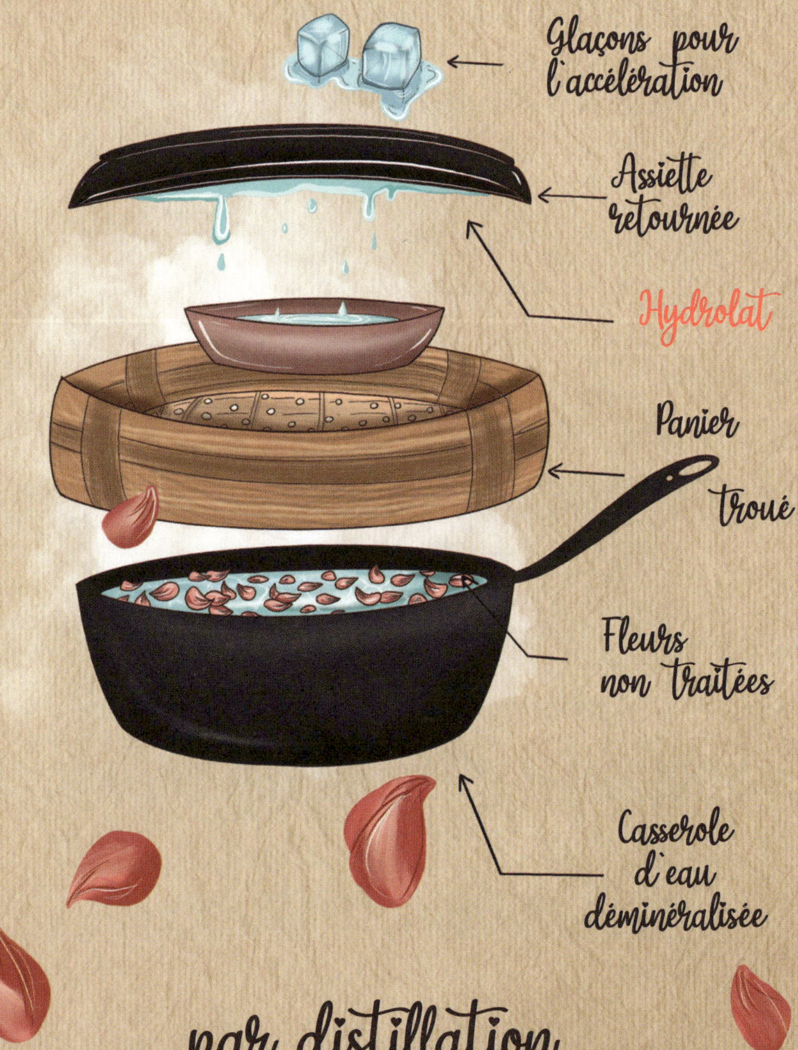

par distillation

Eau de camomille
Peau sensible
Eau de bleuet
Décongestionne les yeux
Eau de lavande
Peau grasse – cicatrisante
Eau de thé vert
Peau stressée
Eau Florale
Eau de rose
Antirides
Eau d'arbre à thé
Peau à imperfections

Infusion

Mal de gorge

SOIGNER SON SOMMEIL

Un bon sommeil est primordial et ô combien important. J'ai besoin de sommeil, de beaucoup, beaucoup de sommeil. De 26 à 64 ans, nous aurions besoin de 7 à 9 heures de sommeil[1] par nuit. L'idéal. Néanmoins, tu le sais aussi bien que moi, tu ne dors que très rarement aussi longtemps. L'hyperstimulation, le temps passé sur les écrans, le rythme de travail : tout est propice à ce déclin de notre sommeil. Quand tu es fatiguée, tu te dis peut-être : « Ce soir, 21 heures au lit et demain, une bonne grasse matinée ! » Mais tu ne te tiens jamais à ce programme. Car ce soir, il y a ce film que tu voulais voir depuis longtemps, il y a l'anniversaire de ta meilleure amie, et demain, il y a trop de choses à faire pour se lever tard. Pourtant, ce temps de sommeil est nécessaire et vital. Sa durée, sa régularité et sa qualité sont trois points cruciaux. Le sommeil ne se rattrape pas. Tu ne peux pas rattraper le dodo que tu n'as pas fait il y a deux jours, navrée.

Il y a quelques semaines, j'ai remarqué une petite chose. Je faisais partie de ces personnes qui se lancent un film,

1. D'après la *National Sleep Foundation* (NSF).

une série, devant lequel ils s'endorment dans le lit. Un soir de mal de tête, je n'ai pas mis de série et me suis couchée directement. La Belle au bois dormant a sûrement moins ronflé que moi, cette nuit-là. Cela m'a fait un bien fou. Je sais que tu aimes regarder un bon film avant d'aller dormir ; mais stop. Le taux de mélatonine, l'hormone du sommeil, ne doit pas être ralenti par ce dernier. Prends le temps, le soir, après avoir dîné léger, de te concocter cet élixir de camomille-verveine, avec de bonnes intentions, pour te détendre. Prends une douche, élimine le stress de la journée, ne pense plus à rien.

Pour bien te préparer à dormir

- Prends ton repas 1 h 30 avant le coucher, minimum : il doit être léger et limité en féculents.
- Prépare-toi une infusion camomille-verveine-tilleul. La camomille, bien connue pour ses propriétés apaisantes et relaxantes, contribue au bien-être physique et mental, et améliore la qualité du sommeil. Pas de thé ni de café, contenant tous deux de la théine.
- Pense au massage des pieds ou à la réflexologie.
- Prends une douche ou un bain avec du savon à la lavande.
- Privilégie la lecture. Éteins les écrans.
- Assure-toi que la température est fraîche dans ta chambre.
- Ne fais rien de stressant. Ne pratique pas d'activité sportive intense, même si tu penses que tu vas mieux dormir. En effet, cela augmente la température corporelle, ce qui retarde l'endormissement et stimule la sécrétion d'adrénaline, qui, à son tour, accentue ton état de vigilance et d'éveil.
- Écoute ton corps : si à 21 h 30 tes paupières sont lourdes, ne lutte pas. Écoute ces premiers signaux du sommeil.

Des les bras de
Morphée
Lecture
Pas d'écran
Repas léger
Infusion à la camomille
Massage des pieds
Température fraîche

LIBÉRER LE CORPS

Le corps est en perpétuel mouvement, cérébralement comme physiquement. Rien d'anormal à ce qu'il doive évacuer un peu cet excédent d'agitation. Il est important d'être à l'écoute de son corps, écouter ses sens, se mettre aux aguets et sentir ses moindres manifestations.

Parfois, je me couche, le corps tendu, ma douce ennemie la migraine est présente à mes côtés, investissant les lieux. Elle peut être là du matin au soir. Tensions musculaires et spasmes ne sont pas loin. Tous ces signaux sont une alarme : mon corps m'impose une halte. Je dois l'écouter, au risque de ne plus pouvoir avancer. Pourtant, écouter son corps et faire une pause n'équivaut pas forcément à interrompre toute activité ou à aller se coucher.

Ce soir-là, je songe à méditer, mais cette musique m'entraîne. Que m'arrive-t-il ?

Mes yeux se ferment, mon sourire se dessine, mes doigts dansent sur le clavier sans appuyer sur les lettres, mes épaules s'y mettent, roulent et saccadent au rythme de cette mélodie. Mes cuisses se contractent à leur tour, pas en spasmes, juste en un balancement sur le tempo de la chanson. Ma tête se laisse entraîner à son tour.

Je vois ce que mon corps veut me dire. Je déroule mon dos, je me laisse aller. Je monte le son, enlève mes écouteurs,

la musique résonne dans la pièce. Je me lève et laisse mon corps s'exprimer. Libre.

C'est aussi ça, la libération du corps. Donne-moi la main, lève-toi avec moi et danse sur cette mesure entraînante. Bouge tout ton corps, ne crains rien, n'aie aucune appréhension, aucune réticence, c'est juste ton corps qui se libère et qui relâche les tensions. Il ne faut pas attendre que notre corps nous supplie pour le laisser vivre.

J'aime porter des robes longues, des jupes fluides et légères, écouter une musique qui me libère et laisser aller mon corps, sans chercher à le contrôler, sans m'astreindre à une danse construite et cohérente. De simples mouvements de dos, que je déroule en tournant mes chevilles et mes poignets. C'est ainsi que je me défais de mes liens psychologiques. Se déployer, prendre son envol sur une transe sacrée, c'est aussi ça, la sorcellerie.

Le sport peut aussi être une bonne manière de libérer le corps et d'évacuer les tensions. Il est vrai que les bienfaits de l'activité physique sont, pour ma part, très aléatoires. S'il est bon pour l'esprit et le corps, trouver le sport qui nous correspond est un tout autre débat. La sorcière que je suis aime l'eau. Je m'y sens comme une sirène dans son élément. Je pourrais nager des heures sous l'eau, soutenue et soulagée par l'élément liquide. Douches chaudes, bains, piscine, mer, tout ce qui se rapproche de l'eau m'apaise. À toi de trouver l'activité qui te convient, amie sœurcière.

MÈRE NATURE

SORCIÈRE DES CHAMPS

Dans ma jeunesse, j'ai toujours habité à la campagne. J'étais de ces sorcières qui vivent dans les villages avoisinant les grandes villes. Celui dans lequel, au réveil, on sent le fumier de la ferme d'à côté, on entend le coq chanter et les oiseaux se faire la cour à n'importe quelle période de l'année.

Pendant mes études d'infirmière, j'ai habité un studio de 20 m² en plein centre-ville de Reims, autant dire que le changement fut radical. Mais à 19 ans, c'était le rêve ultime pour moi. J'étais heureuse, j'adorais vivre en ville, trouver des commerces ouverts tard le soir, aller dans les bars et les cafés, toujours voir du monde dans les ruelles, profiter des transports en commun (dans mon village, il n'y avait qu'un bus scolaire), etc. Je me suis très vite acclimatée. De sorcière des champs, je suis devenue une sorcière citadine. Aujourd'hui, je vis dans un village avec une cinquantaine d'habitants. Une petite ville se trouve à vingt minutes en voiture. Je travaille à la maison, avec la forêt au bout de mon jardin.

Alors que j'écris ces mots, un sourire se dessine sur mes lèvres. Il est 13 h 51, je suis sur une terrasse en bois, un fond de musique résonne, le soleil me réchauffe le visage et une légère brise me caresse les joues… Pour rien au monde je n'aimerais revivre en ville.

J'ai toujours été une passionnée de nature. Les balades en forêt me procurent une sensation de bien-être infini, l'impression d'être en paix avec moi-même. D'être à ma place, tout simplement. J'ai pourtant été fascinée par la ville pendant mes études. Cet amour urbain a irrémédiablement changé lors de mon passage à Annecy… Que cette région est pleine de bonnes énergies ! Les montagnes sont l'un de mes plus beaux souvenirs. Je me souviens d'une promenade sur les hauteurs, là où la cime des sapins touche les nuages. Du sommet, on avait une vue invraisemblable sur tous les lacs (ces lacs dont je suis éperdument amoureuse). Le temps était gris, extrêmement brumeux, rien au loin n'était visible… Le garçon qui m'avait emmenée là s'est excusé de m'avoir fait venir si haut pour ne rien voir. Il ne se doutait pas qu'il venait de m'offrir le beau cadeau d'une vie. Je voyais la chose la plus grandiose à mes yeux : je redécouvrais ce qu'était la nature, la vraie.

Un spectacle grandiose se déroulait devant mes yeux écarquillés… La brume dévalait les montagnes remplies de conifères. Je ne voyais rien devant moi, juste cet immense nuage blanc qui coulait le long des flancs de la montagne. Ce fut la plus belle vision de ma vie. La nature est sublime pour qui veut bien la voir. Inutile de chercher un paysage grandiose à l'autre bout du monde, la nature qui se trouve sous nos yeux est déjà merveilleuse.

À cet instant précis, mon corps ne faisait plus qu'un avec la montagne, la brume aspirait tous mes soucis et les emmenait avec elle. Je contemplais la véritable magie de la nature.

La nature a tant à nous apporter. N'aie pas peur de la découvrir. Ton corps a aussi besoin de cela, de nature, de verdure, de grands espaces, de brume et de ciels étoilés.

ÉLOGE DE MES AMIS LES ANIMAUX

Dans ma petite maison actuelle, mon plus grand plaisir est de voir les biches sortir de la forêt et venir me saluer dans le jardin. Je ne suis plus qu'amour quand je les vois apparaître à mon réveil, broutant l'herbe et se dressant au moindre bruit. Ce spectacle fait aussi partie de ce que la nature peut nous apporter. Une balade en forêt, une méditation en plein air, un peu de jardinage (même sur un balcon de 2 m², c'est possible) : nous avons besoin de cette connexion à la nature. Il est à la fois nécessaire pour le repos du corps, de l'esprit et pour faire le plein de bonnes énergies.

Comme n'importe quelle sorcière vivant au fond de la forêt avec ses élixirs et ses incantations, je cohabite avec mon chat. Depuis toujours, les animaux ont une place privilégiée dans ma vie. J'ai été accompagnée durant de longues années par une chienne qui m'a permis de comprendre la puissance et l'énergie qui émane des animaux. Je suis toujours très heureuse lorsque mon chemin croise celui d'un animal sauvage, quel qu'il soit. Le hérisson nocturne qui traverse ma route quand je suis en voiture me réjouit. Les ombres des chauves-souris passant devant ma fenêtre m'effrayaient autant qu'elles me fascinaient, étant enfant. Le doux hululement de la chouette sur le toit voisin me berce quand le sommeil m'envahit. Quel privilège que de s'endormir sur ces bruits nocturnes ! Et quand je me lève, apercevoir dans ce jardin si verdoyant les chevreuils, les faons et les chevrillards me tire toujours un sourire de bonheur.

Mère Nature nous prête sa Terre. Nous la partageons avec d'autres habitants, si différents et néanmoins nos semblables. Et pourtant, l'être humain saccage de nombreuses merveilles de la nature sur son chemin.

Le devoir d'une sorcière, c'est aussi de protéger ses précieux colocataires. Installons des abris pour nos amies chauves-souris, dans des endroits en hauteur et rassurants pour elles. Déposons des coupelles d'eau pour les hérissons de passage près de nos maisons. Ralentissons lorsque nous conduisons nos quatre-roues. Tendons l'oreille quand la nuit se lève. Soyons à l'écoute du monde qui nous entoure et protégeons-le.

J'ai traversé de rudes épreuves à l'adolescence, entre mes problèmes de santé personnels et la maladie d'un proche. Durant ces moments, la présence de ma chienne, Pandora, était d'un grand soutien. Lorsque je pleurais, je ressentais sa compassion, sa bienveillance. En un regard, elle me faisait sentir que les énergies que je dégageais à cet instant l'inquiétaient. Elle me consolait.

Aujourd'hui, ma compagne animale s'appelle Naïa. Cette petite féline noire, blanche et rousse (les trois couleurs des sorcières !) a aussi assisté à des étapes très difficiles de ma vie. Une relation violente. Des déménagements, des tristesses, des dépressions. Mais elle m'accompagne fidèlement depuis longtemps. Si, en Occident, les chats ont été parfois accusés de porter malheur, ils étaient des animaux sacrés dans d'autres cultures, comme en Égypte antique. Le ronronnement de Naïa est une potion magique à lui tout seul. Ce n'est pas pour rien que l'on parle parfois de « ronronthérapie » ! La basse fréquence du ronronnement du chat possède des vertus curatives fascinantes. Elle favorise la production de sérotonine et a la capacité d'apaiser l'anxiété, le stress et la douleur. Ce ronronnement permet également de faire baisser la tension artérielle, de diminuer les risques cardiovasculaires et de stimuler le système immunitaire. Avec leurs chats noirs, nos ancêtres sorcières avaient déjà tout compris ! Toutes les nuits, depuis six ans, Naïa partage un deuxième oreiller avec moi. Avec elle, pas besoin de larmes, elle sait quand le mal me gagne et sa présence m'apaise.

À l'écriture de ces mots, elle est là, tout près de moi. Sorcière, je ne vais nulle part sans mon chat. Nos énergies sont harmonisées et elle vit mes peines les plus immenses comme mes joies les plus intenses. Néanmoins, prendre un animal, chat ou autre compagnon, est une décision qui doit être réfléchie. Prendre un animal pour l'abandonner ou ne pas subvenir à ses besoins est non seulement un délit mais aussi passible du pire mauvais sort que l'on peut imaginer. Les animaux ne sont pas *que* des animaux, ils sont bien plus. Respectons-les. Aimons-les. Protégeons-les.

Sœurcière, reconnecte-toi à la nature et à ses habitants. Admire les insectes qui nous entourent. Ne crains pas les araignées ou tout autre petit individu. N'écrase pas ces insectes de passage chez toi, que ce soit ce papillon agité ou ce scarabée perdu. Prends-le dans un chiffon ou dans un verre et repose-le dans son habitat naturel. Aucune vie ne mérite d'être arrêtée parce que tu en as peur. Nous n'avons peur que de ce que nous ne connaissons pas. Ne tue pas, amie sœurcière. Protège, sans distinction. La bienveillance doit s'étendre à tous les êtres vivants.

SHINRIN YOKU

Les pieds sur l'herbe fraîche, l'odeur de la terre mouillée, de la pluie, les nuances de vert. Gaïa, notre Terre-Mère, nous transmet son énergie, sa force et sa puissance tellurique à travers tous ces éléments.

Les Japonais, toujours en avance sur les pratiques européennes, ont déjà compris l'importance capitale de Dame Nature, la puissance et le pouvoir immense qu'elle contient. Depuis 1982, ils pratiquent le *Shinrin Yoku*, ou bain de forêt, que l'on appelle aussi sylvothérapie en Occident. Cette pratique forestière permet de se ressourcer mais pas uniquement.

La sylvothérapie est sûrement l'un des meilleurs soins naturels qui soit et qu'une sorcière se doit de connaître. Les arbres, poumons de notre planète, fabriquent de l'oxygène à partir du dioxyde de carbone. Grâce à leurs feuilles, ils produisent également un ensemble de particules, appelées phytoncides, aux vertus curatives et bénéfiques pour la santé. Les bains de forêt agissent sur nos sens et contribueraient à lutter contre le stress, l'anxiété, l'insomnie, les troubles cardiaques, etc.

Depuis toujours, cette connexion entre Mère Nature et moi est magique. Petite, déjà, j'aimais me mettre au fond du jardin, dans un arbre facile à escalader, et absorber, m'abreuver de cette nourriture puissante. Avec les années, je suis toujours prise d'un bonheur intense, d'un sentiment de puissance, lorsque je suis entourée d'arbres ou de nature. Je suis apaisée. Je suis nourrie par leur sève sereine. Mère Nature m'allaite en son sein.

Toi aussi, écoute ce qu'elle a à te dire, assieds-toi, respire cet air fabriqué juste ici, grâce aux arbres. Accueille leur force si douce et éveille tes sens. Sens cette odeur douce de nature, cette odeur de pluie qui arrive. Ces phytoncides, respire-les, laisse-les agir sur ton corps. Laisse leur magie œuvrer.

Écoute la nature te parler, les oiseaux qui chantent, le vent qui souffle entre les branches, les feuilles qui s'agitent. Écoute ce silence si apaisant, si doux. Écoute les branches craquer sur ton passage, sous tes pieds. Laisse partir les tracas quotidiens, pendant que tu restes ici, juste ici, avec elle. Mère Nature.

Regarde autour de toi, ces nuances de vert, ces feuilles frivoles qui tournent au gré du vent. Admire la beauté de la nature, ces fleurs qui poussent, les vies minuscules qui s'agitent sous tes pieds. Contemple ce merveilleux spectacle qui danse autour de toi.

Approche-toi de ce tronc d'arbre, lui qui s'enracine ici depuis tant d'années, et touche-le, derrière sa mousse, si douce. Ressens l'énergie qui le traverse. Cette vie. Cette profondeur. Cette magie. Imprègne-toi, accueille ce que la nature t'offre. Ferme les yeux, touche cette herbe si fraîche. Glisse tes pieds dans ce cours d'eau, c'est vivifiant. Sens-toi revivre.

Goûte cette fleur ; il y en a tant de comestibles, juste sous nos yeux. Ce nectar en son cœur est si délicat. Petite, j'aimais manger le cœur des fleurs de trèfles, si sucré. Bien sûr, prends garde à ne pas manger de plante que tu ne connais pas, renseigne-toi au préalable sur les fleurs, les herbes et les champignons comestibles. Une sorcière se définit également par son savoir et ses connaissances du danger !

SHINRIN YOKU chez soi

Beaucoup
de verdure

Huile essentielle
de pin sylvestre

Plantes
dépolluantes

Différentes textures
de feuilles

BAINS DE NATURE

Tandis que tu marches paisiblement, lentement, admirant ce qui t'entoure, ta respiration est plus lente, ton rythme cardiaque s'apaise. Le cortisol, hormone du stress, diminue, ta tension artérielle également. La partie de ton cerveau responsable de ton anxiété s'apaise et ralentit. Ce bain naturel imprègne ton corps, jusque dans tes cellules, et ton système immunitaire est en éveil. C'est bon pour lui, il le sait. Ton corps te dit « merci ».

Au cours de ces bains de nature, n'hésite pas à méditer. Assieds-toi, respire profondément, absorbe les énergies, nourris ton corps. Le yoga en pleine nature est une option. Tu peux prendre ton tapis sous le bras et t'installer au pied d'un arbre imposant. Détends-toi, c'est ton moment, accueille les émotions qui arrivent, ressource-toi, à la source même, auprès de Mère Nature.

Respectons cet environnement, cette verdure si essentielle à nos vies. Ton rôle, amie sorcière, est aussi de répandre autour de toi les bienfaits de cette merveille qui nous entoure. Puisqu'elle veille sur nous, à nous de veiller sur elle. J'ai bénéficié des bienfaits de la nature à maintes reprises. Après une période compliquée, j'ai eu besoin de retrouver chez moi cette magie verte. Je travaille à domicile, j'ai donc décidé de recréer cet univers chez moi, afin de profiter de ses merveilleux bienfaits au cours de mes journées de travail. J'ai vite investi (oui, c'est le bon terme !) dans diverses plantes. *Monstera*, *Zamioculcas*, *Spatiphyllum* et succulentes en tout genre. Mon logis est devenu ma petite forêt. C'est loin d'être aussi apaisant qu'un vrai « bain de forêt », mais ça reste efficace. Je me doute que toutes les sorcières ne peuvent avoir une forêt à proximité, un parc ou de grands espaces verts aux abords de leur demeure. Aussi, je vais te donner un petit tuto afin de reconstruire chez toi cette magie verte qu'est le *Shinrin Yoku*.

PLANTES & ASTUCES

Comme expliqué préalablement, le bain de forêt embaume les cinq sens, il est donc primordial de rassembler les cinq éléments chez toi.

LA VUE

Ce sens est probablement le plus simple à stimuler, mais aussi le plus important. Crée-toi un espace dédié à la verdure dans ton appartement, ta maison, ton studio ou sur ton balcon. Place un fauteuil confortable au milieu des plantes foisonnant de toute part. Installe des plantes hautes en pots, à même le sol (si tu as des amis à quatre pattes, vérifie la toxicité des plantes ou installe de l'herbe à chat à proximité). L'idée est de créer un petit bout de forêt « visuel ». Ne choisis pas une seule catégorie de plantes, varie les plaisirs, les tailles des feuilles, les hauteurs, les formes et surtout les couleurs. On en trouve tout une palette, chez nos amies les plantes. Par exemple, la *Tradescantia tricolor* apporte une légère teinte de rose pâle très agréable. Si tu as de la place, tu peux aussi installer de petits arbres bio, comme l'olivier ou le citronnier, dont tu peux également récolter les fruits.

LE TOUCHER

Oublie le gazon synthétique, ni très écolo ni agréable. Je te propose plutôt un doux tapis, sur lequel tu pourras te mettre pieds nus. Choisis ce qui te sied le plus, le genre de tapis sur lequel une petite méditation serait agréable. Pour ton bain de forêt, opte pour des plantes aux textures différentes. J'aime toucher les feuilles, les différentes matières feuillues, ainsi que les petites tiges qui grandissent.

L'ODORAT

Attention : ne te laisse pas tenter par des fleurs trop odorantes, au risque d'avoir des maux de tête. Privilégie plutôt une petite diffusion d'huiles essentielles, type pin sylvestre, lavande (parfaite pour la détente) ou des mélanges. Diffuse-les avec parcimonie, en brume délicate. J'ai, par ailleurs, opté pour des plantes dépolluantes, idéales pour purifier l'air naturellement. En effet, même avec des aérations quotidiennes, le monoxyde de carbone, l'ammoniac, le benzène, l'acétaldéhyde stagnent quotidiennement dans nos habitats. Présents dans les produits ménagers chimiques (c'est le moment de les remplacer par du vinaigre et du bicarbonate de soude, ils font des miracles), les vêtements, le parfum, les colorants, les peintures et tant d'autres, ils sont néfastes pour nos corps. Or, les végétaux peuvent réduire la pollution d'un milieu, grâce à la bioépuration. Les plantes dépolluantes aident à éliminer ces éléments indésirables naturellement.

Prenons, par exemple, l'une de mes plantes favorites : la fleur de lune (*Spathiphyllum*). C'est l'une des plantes dépolluantes les plus efficaces selon moi, elle agit sur une grande majorité de polluants. Qui plus est, cette petite merveille est parfaite pour se faire la main. Elle est résistante, idéale pour l'intérieur, que ce soit dans la chambre, le bureau ou le salon. Il faut éviter de l'exposer à la lumière directe. Elle aime faire sa princesse et s'affaisse dès qu'elle a soif, mais si on lui donne un peu d'eau, hop, elle se redresse aussitôt. Elle donne naissance à une ou deux jolies fleurs qui viennent agrémenter ses charmantes feuilles vertes. J'en possède plusieurs que je dispose dans les pièces, afin de purifier l'air, tout simplement.

LE GOÛT

Il peut être plus simple de travailler ce sens chez soi qu'en pleine nature. En effet, dans ton petit coin de forêt, libre à toi d'installer des arbres fruitiers dont tu pourras déguster les fruits. Pour ma part, j'ai des petits pieds de fraises en jardinières qui font le plaisir de mes papilles en période estivale. J'aime aussi déguster mes marrons grillés dans mon petit coin de nature, en hiver. À toi de trouver cette petite gourmandise à apporter à ta forêt intérieure.

L'OUÏE

Quoi de mieux qu'une douce musique de fond pour agrémenter le tout ? Je privilégie les fonds sonores naturels. Il y en a une large gamme disponible sur Internet : chants d'oiseaux, cascades lointaines, chants de baleine (je sais, il n'y en a pas dans les forêts, mais cette musique est si apaisante !). J'aime aussi écouter le son de bols tibétains, reconnu pour apaiser l'esprit, et mettre en route ma fontaine pour écouter l'eau glisser et couler.

Maintenant que tu as tous les ingrédients, libre à toi de créer ce petit univers magique, dans lequel tu peux méditer, te ressourcer et prendre du bon temps.

RECETTE

du macérât huileux de pâquerettes

QUELQUES POIGNÉES DE FLEURS

Un bocal hermétique

DE L'HUILE VÉGÉTALE *(olive, amande, selon ta convenance)*

Après avoir cueilli, avec amour et respect, les fleurs, coupe les tiges et dépose-les dans le bocal, préalablement nettoyé et stérilisé. Ajoute ton huile végétale, olive, amande, suivant ta convenance, et recouvre entièrement les fleurs. Dispose ton bocal, bien fermé, dans un endroit sec au soleil. Laisse ton bocal un mois durant, en le remuant délicatement tous les jours, en vérifiant que toutes les fleurs sont toujours recouvertes par l'huile. Une fois le tout bien macéré, filtre-le et verse le macérât dans un nouveau récipient stérilisé. Utilise-le avec douceur et en posant ton intention.

À CONSERVER À TEMPÉRATURE AMBIANTE ET À L'ABRI DE LA LUMIÈRE

À VOS CAS

Très longtemps (bien *trop* longtemps), j'ai fait des choses, j'ai répété certains schémas, durant des semaines, des mois, des années, en attendant en vain un résultat différent. Tout au long de ce début de vie, j'ai fait des choix, j'ai commis des erreurs, comme tout le monde. Les accepter est important pour pouvoir avancer. Mais une chose est certaine : si quelque chose ne fonctionne pas, il ne faut pas insister. Il est inutile de forcer les choses.
Albert Einstein a dit : « La folie, c'est de faire toujours la même chose et de s'attendre à un résultat différent. » Tu ne peux pas toujours faire les mêmes choses en espérant que le résultat ne soit pas le même. Il est difficile de changer ses habitudes, de trouver de nouvelles techniques. Je le sais. J'ai répété de nombreux schémas, espérant en vain une fin différente de celle connue. C'est une erreur. Si tu veux un résultat différent, il te faut essayer différemment.

Visualisons la chose.

Comme de nombreux enfants, j'ai voulu faire pousser ce fameux noyau d'avocat (est-ce qu'à 27 ans, on est encore une enfant ? Oui, c'est dans la tête). Je prenais tous les noyaux que je trouvais, bio, coupés, non coupés, pelés ou non. J'employais la technique bien connue des trois allumettes piquées et hop, dans l'eau. Je n'ai jamais réussi. Jamais. J'ai toujours fait comme indiqué dans tous les tutos, je suivais scrupuleusement les indications. Sans résultats. J'étais persévérante. Je voulais qu'il pousse, ce satané noyau ! Parfois, je ne décidais de stopper l'opération qu'au bout de six mois.

Et puis, un jour de printemps, j'ai finalement décidé (oui, enfin) de changer. Les noyaux n'étaient en rien la cause de mes échecs de pousse. Ne pas accuser les autres, remettre en question ses propres agissements : telle était la leçon que je devais tirer de ces échecs.

J'ai cherché de nouvelles techniques et j'en ai essayé une, deux, cinq, dix. Ne jamais perdre espoir, c'est la clé.

Un beau jour, je suis tombée sur la vidéo d'une jeune fille qui possédait un avocat… germé ! Petite veinarde ? Quel sort lui avait-elle jeté pour s'octroyer un tel miracle ?

Le secret ? Rien d'extraordinaire. Il suffit de couper le bas de l'avocat. Le fameux cul bombé, d'y planter les pics et de le mettre dans l'eau, comme d'habitude.

La pousse peut être longue, très longue, elle dure parfois des mois. Je regardais tous les matins si, enfin, les racines apparaissaient. Un petit matin, une tasse de thé à la main, j'ai pris le noyau piqué. Stupéfaction, il était fendu en bas et j'ai aperçu… une racine ! Certes, elle était microscopique mais j'étais ô combien heureuse. J'ai hurlé de joie. Persévérance et adaptation !

Il ne faut jamais baisser les bras, mais apprendre à modifier, adapter et réajuster son comportement, sa façon de faire. À l'heure actuelle, j'ai une dizaine de noyaux d'avocats qui poussent : salon, chambre, cuisine, ils sont partout. Et je souris, toujours, comme au premier jour, quand je les regarde, en souvenir de cet acharnement. En souvenir de cet acte qui n'était pas des plus appropriés. Merci Einstein !

TUTO AVOCAT

L'ALCHIMIE DU bonheur

LA GRATITUDE

La gratitude, c'est se lever le matin, prendre son thé favori, regarder par la fenêtre et sourire. La gratitude, c'est être reconnaissante de ce qui se passe autour de moi. La gratitude est un acte doux, bon et juste qui doit s'étendre à soi et tout ce qui nous entoure. La gratitude est signe de justesse.
Il est vrai que beaucoup de personnes n'ont pas conscience du monde qui les entoure. J'ai reçu maintes critiques et réflexions désagréables. S'émerveiller devant un rien, sourire devant un enfant qui joue ou crier de joie quand mon avocat pousse (toi aussi, tu sais peut-être à quel point c'est compliqué !) ne fait pas de moi une personne étrange, folle ou une « gamine », comme le prétendent certains, cela fait simplement de moi une personne reconnaissante. Je suis reconnaissante de la vie qui m'entoure et des choses merveilleuses qui se passent au cours d'une journée.

La gratitude, c'est savoir dire *merci* et avoir conscience des choses qui nous arrivent. Comme je le dis quotidiennement (je pense que je le dis au moins une fois par jour), il n'y a pas de hasard dans la vie, et je suis reconnaissante de tout cela.

sourire
bonheur
amour
joie
bienveillance
sérénité

ÉLIXIR
de bonheur

POUR UNE PERSONNE

- QUELQUES GRAINES DE FOLIE
- De l'essence d'amour
- DES PÉTALES DE BIENVEILLANCE
- Des racines d'acceptation
- UN SOUFFLE DE PLAISIRS SIMPLES
- DE L'ÉCORCE DE NATURE
- Du nectar de positivité
- UN NUAGE DE RÊVES

NOTE :
À consommer
sans modération

Je remercie l'Univers de faire de moi la personne que je suis, là où je me trouve. Je dis merci à ces proches qui m'accompagnent durant ce voyage, je remercie la nature de m'offrir de tels spectacles de vie, un coucher de soleil, un champ de coquelicots, une forêt profonde.

Mais le plus important, ta première expression de gratitude, elle doit aller à toi-même. Remercie-toi. Cesse de te critiquer, de te trouver tant de défauts, de ne pas être satisfaite de ton parcours. La gratitude doit avant tout aller à toi-même. Je sais que ce n'est pas évident, que rien n'est facile, qu'il est plus simple de s'autoflageller que de reconnaître ses forces. Il est toujours plus simple de se rabaisser. Eh bien, aujourd'hui, c'est fini.

À présent, je reconnais ma force, ma vraie puissance. J'accepte mes torts, mes « défauts ». Je tourne ma bienveillance vers moi-même, afin de vivre en harmonie avec mon propre être et de rester bienveillante envers les autres. Je deviens ma meilleure amie.

PENSÉES POSITIVES
de la journée

LES PENSÉES POSITIVES

Voici un dernier petit conseil bienveillant, pour toi, ma sœurcière. Le soir venu, accorde-toi un moment de bienveillance envers toi-même. Un instant de plaisir et de simplicité. Chaque jour, même les plus pluvieux, les plus rocambolesques, de petits bonheurs simples de la vie sont présents. Avant de laisser les bras de Morphée t'enlacer, pose-toi. Allume des bougies, prévois une odeur subtile et relaxante d'huiles essentielles. Tu peux aussi utiliser de l'encens ou des bougies parfumées, suivant tes préférences. Les bougies aux notes de citrouille et de cannelle sont de loin mes préférées.

Installe-toi sur un fauteuil que tu affectionnes particulièrement, une chaise, un coussin de méditation ou à même le sol. Respire, gonfle ton ventre, ferme les yeux et expire calmement. Prends ton grimoire, inscris la date du jour et pose tes petits plaisirs de ta journée, par cinq, au départ.

Inscris les choses les plus simples, du soleil qui a rayonné à l'ouverture de la fenêtre ce matin, en passant par le thé que tu as pris à 16 heures lors d'une petite pause. Remémore-toi ces faits si simples et doux qui t'ont fait sourire, ressentir du bien-être ou procuré le calme intérieur. Écris-les afin de finir cette journée sur une note positive. Tu garderas ainsi en mémoire les meilleurs instants de tes journées qui, mis bout à bout, constituent ta vie.

En cas de coups durs, prends ce petit grimoire positif et relis-le. La vie est belle. Ne retiens que le positif. Dans mon propre grimoire, j'aime glisser des mots doux, la place d'une séance de cinéma, des fleurs cueillies le matin pour mon macérât, que je fais sécher entre deux pages. Ce petit rituel est le mien, tu es libre de le faire tien, tout comme tu peux te créer celui qui te ressemble. C'est la magie d'être une sorcière : créative, flamboyante, libre et bienveillante !

REMERCIEMENTS

GRATITUDE

Je suis extrêmement reconnaissante de ce que la vie m'offre chaque jour, des personnes qui m'entourent et des rencontres que je fais, plus surprenantes les unes que les autres. Il est vrai que la vie n'est pas ce long fleuve tranquille. De nombreux obstacles se présentent à nous ; la vie est telle une forêt pleine de dangers, mais elle ne serait pas si belle et savoureuse si elle était paisible et sans embûches. Sans aspérités, nous ne saurions profiter de ces instants de bonheur qu'elle nous offre. Aussi loin que je m'en souvienne, les livres ont toujours été pour moi un réel exutoire. Dans un climat familial froid, la chaleur des pages me renvoyait dans un univers aussi rassurant que protecteur.

Petite sorcière, dans ma chambre, cachée dans un coin, je dévore les livres avec de grands yeux ébahis. Ce monde magique devient le mien… il n'est pas étonnant que le dessin soit arrivé aussi vite dans ma vie. Illustrer mes personnages favoris, redessiner cette héroïne si fabuleuse, écrire mes pensées dans mon journal intime… L'écriture et l'illustration d'un livre représentent déjà un rêve inconscient. Les années passant, ce rêve devient omniprésent.

Quelques années plus tard, officiellement illustratrice, je suis contactée par celle qui me permettra de réaliser ce rêve inespéré et inavoué : écrire mon journal de sorcière, mes recettes, mes illustrations, mes conseils. Cette femme, c'est Katia Kaloun, responsable éditoriale des Éditions Kiwi.

Mes sens sont en éveil : que d'éloges et d'espoirs. Elle veut ce livre autant que moi. Elle me donne ma chance et, aujourd'hui, je la remercie. Je remercie cette femme, arrivée dans cette forêt qu'est ma vie, me proposant un chemin fleuri et paisible. Cette femme dont émanent douceur et bienveillance. Merci à toi, Katia, de m'offrir ce présent, ce livre, mon rêve d'enfant. Je remercie la maison d'édition Kiwi, sans laquelle rien de tout cela n'aurait été possible.

L'aventure fut ainsi lancée. Mes vieux démons sont très souvent venus à ma rencontre lors de l'écriture de cet ouvrage. Quand l'angoisse, l'hypocondrie et tout ce beau monde me rendait visite, je n'étais plus capable de rien, perdue dans un labyrinthe alors que la page blanche faisait face.

Des mois sans dessiner, sans écrire. Peur, appréhension, doute. Rien ne sortait de moi, hormis des vertiges, des nausées, des engourdissements. Des mois durant, j'ai inlassablement revécu mes plus grands tourments, afin de pouvoir mieux les comprendre, les analyser et les exprimer, ici, pour toi, pour vous.

Cette forêt, aussi dense qu'elle puisse être, est parfois propice à l'égarement… Enfermée des jours durant à ne plus pouvoir écrire, dessiner, réfléchir. Ma muse me faisait défaut. Seule avec mes tourments, ces agitations intérieures, je me retrouvais seule, face à moi-même. Ma famille et mes proches loin de moi, l'obscurité de cette jungle était devenue mon quotidien. Le noir total… ?

Non, j'ai pu compter sur le soutien inébranlable de mes amis, ces épaules sur lesquelles pleurer le soir quand le corps ne retenait plus ses sanglots, une oreille à qui m'adresser quand les mots ne venaient plus, une main réconfortante lorsque les maux se faisaient si douloureux. Des dizaines d'années d'amitié, de soutien, de rires. Mes amis m'ont aidé à traverser cette période si intense de ma vie. Merci à toi, Marco. Merci à ma meilleure amie, Anaïs, essentielle à ma vie. Et merci à tous les autres, loin des yeux mais jamais du cœur.

Ma vie est une forêt.

C'est sûrement à cause de cela que je m'y sens si bien. Ces odeurs… tout me semble si familier. « C'est fou comme dans tous tes malheurs, tu as toujours eu de la chance ! » Ces mots sont ceux de Catherine, la belle-mère… enfin, *ma* belle-mère. Quand la marâtre de Cendrillon la tuait à la tâche, année après année, la mienne me rendait plus forte, plus femme. Cela a eu un impact inestimable dans ma vie. Catherine est cette femme qui m'a appris l'amour d'une mère, celui qui m'était tant inconnu, je le découvre depuis quelques années auprès d'elle. Rien n'a été facile, mais aujourd'hui, elle est là, près de moi, à comprendre mon passé, à m'encourager dans mon présent et à croire en mon futur. Cette femme, sans qui je ne serais sûrement pas celle que je suis aujourd'hui, je lui dois une partie de ce livre. Merci à cette *mère-veille*, qui veille sur moi telle une mère. Merci, Catherine.

Rebondir à chaque obstacle, telle une biche dans la forêt, fuyant les tourments. Rebondir, sans jamais s'arrêter. Fragilité symbolique. Dans cette forêt immense qu'est ma vie, un homme veille corps et âme à ma tranquillité. Loin des tumultes de la vie, il protège et secourt à de nombreuses reprises. Cet homme m'apprend à ne pas m'approcher trop près du feu, soigne mon cœur quand ce dernier est blessé par la flèche d'un chasseur ou apaise mes inquiétudes quant au chemin à emprunter. La biche doit tout à cet homme, de ma tendre enfance à aujourd'hui. Biche fière et rapide, il m'a recueillie, si fragile, peureuse des chasseurs en tout genre, sans famille. Il m'offre confiance, amour, protection et bienveillance.

Quand les orages menacent, que la nuit tombe en obscurcissant l'immensité du monde, cet homme me montre le chemin. Cet homme n'est autre que mon guide, une âme qui se bat envers et contre tous pour me protéger. Cet homme si cher à mon cœur, c'est lui, mon Papa. C'est toi, mon Daddy. Aujourd'hui, le monde m'en est témoin : je clame mon immense gratitude à ton encontre, Daddy, toi qui, depuis toutes ces années, est le pilier sur lequel je m'appuie pour affronter les tempêtes de ma vie. Au creux de tes bras, au rythme de ton cœur, le mien s'apaise, je n'ai plus peur. Tu es là, avec moi, dans cette vie. Merci d'avoir transformé cette petite fille fragile en femme forte. Merci de m'offrir cette existence, entourée de gens qui m'aiment. Merci de faire de ma vie ce conte de princesse… en restant sorcière ! Merci.

Enfin, merci à toi, sœurcière, de tenir à cet instant précis ce livre entre tes mains. Merci de lire ces derniers mots qui te sont destinés. De rendre tout ceci possible. Merci de créer, avec moi, ce monde magique, bienveillant, en accord avec la nature dans lequel nous évoluons.

Merci de me rejoindre dans mon univers, que je partage volontiers avec toi.

Mademoiselle Audrina

MES NOTES

MES NOTES

MES NOTES

MES NOTES

MES NOTES

Dépôt légal : octobre 2020
Achevé d'imprimer en France en janvier 2021
par La Nouvelle Imprimerie Laballery.
Numéro d'impression : 012602